JN074042

＼かんたんにできる／

発達障害

のある

子どもの
リラクセーション
プログラム

編著 高橋眞琴

著 尾関美和・亀井有美・中村友香・山﨑真義

学苑社

はじめに

　障害の有無に関わらず学校園で学ぶことができるインクルーシブな環境や家庭
で、ほっとリラックスできる活動は、障害のあるお子さんが生活する上で、大変
重要であると考えます。

　特に、発達障害のあるお子さんは、予期せぬ状況に戸惑われたり、相手の意図
が理解しにくかったりと、普段から様々な面で、困難を抱えていると考えます。
さらに、この数年間に及ぶコロナ禍においては、生活制限による新たなストレス
も抱えておられたと推察されます。

　本書籍の執筆者は、学校園の生活や卒業後の学習支援に関して、地域での実践
的研究やインクルーシブな学習環境の調査研究を継続的に行ってきました。

　まず、第1章、第2章担当の亀井有美氏からは、看護師、保健師、公認心理
師として勤務の傍ら、発達障害当事者として、発達障害のある方のためのライフ
スキルトレーニングの研究を続けてこられた経験から、オンラインでも気軽にで
きるライフスキルトレーニングの提案をいただきました。

　次に、第3章担当の山﨑真義氏からは、心理リハビリテーションスーパーバ
イザー（学会認定資格）、公認心理師としての活動や、勤務県内での巡回相談経験
から、発達障害のあるお子さんや発達障害の方のリラクセーションを促す動作法
のプログラムを提案いただきました。

　第4章担当の尾関美和氏からは、特別支援学校の管理・運営の知見とともに、
上級指導者（学会認定資格）として、活動されているムーブメント教育・療法の
視点から、楽しくリラクセーションを促す活動を提案いただきました。

　第5章担当の中村友香氏からは、通常の学校での勤務経験の知見とともに、
欧州への留学やフィンランドの調査研究の経験から、普段の学校園で活用可能な
リラクセーションを促す環境設定について、提案をいただきました。

　最後に、第6章において、小生が、インクルーシブ教育が先行している英国
の学校園の教育活動調査を手がかりに、特に、学習支援での多感覚の活用につい
て、日本の特別支援教育での自立活動との関連や、実際に、日本で実践を行った

1

際の環境設定のうち、お子さんのリラクセーションにつながったと思われる内容を提案しております。

　本企画では、コロナ禍中の学会活動において、お子さんから成人まで、発達障害のある方々が、ご家庭や学校において実践可能性があるリラクセーションプログラムについて、著者らが自主シンポジウムを企画し話題提供を行ったところ、学苑社代表取締役の杉本哲也様より、書籍化のご提案という貴重な機会をいただきました。著者一同、自主シンポジウム時より、さらに、実践的な研究を進め、内容について検討・加筆を行い、今日に至っております。

　つきましては、発達障害のあるお子さん、発達障害のある方々、保護者様、普段、学校園で実践を行っておられる教員の皆様、地域の放課後等デイサービスや児童発達支援で実践を行っておられる指導員や支援者の皆様に、本書をお手に取っていただき、ご高読いただけますと幸いでございます。

　この書籍で、提案しているリラクセーションプログラムですが、必ずしも「そのプログラムを行えば、すぐにお子さんのリラクセーションにつながる」といった内容ではないかもしれません。各著者が提案している内容は、マニュアル本として構成されていないように思います。

　私たち人間には、それぞれ個性があり、好みの活動や苦手な活動もあります。あるお子さんは、身体を実際に動かすことで、ストレスが解消されて、リラクセーションにつながるかもしれませんし、あるお子さんは、全身が包まれる感覚によってリラクセーションが導かれるかもしれません。お子さんの特性もそれぞれだと思いますので、この書籍をご参照いただく際には、お子さんの特性に応じて、お子さんが取り組みやすい内容に、トライしていただけますと幸いです。お子さんの豊かな日常生活につながることを著者一同願っております。

　最後に、本書籍の企画をご提案いただき、台風接近中の学会の折やそれ以降も、何度も丁寧できめ細やかなお打ち合わせをいただきました学苑社代表取締役の杉本哲也様、プログラム提案内容を検討する際に、大変お忙しい中ご協力をいただきました皆様、この書籍を手に取っていただきました皆様に、著者一同、深くお礼申し上げます。

目　次

第 1 章

発達障害って何?

亀井　有美

1　発達障害って何？

　皆さんは発達障害という言葉を聞いたことがありますか？　最近では、テレビやネットニュース等で取り上げられることが多いので、聞いたことがある人も多いのではないでしょうか？　では実際、発達障害がどのようなもので、どれくらいの割合の人がいるのかご存じですか？

　授業中じっと座っていることができない、遅刻が多い、うっかりミスがあるなどの特性は、発達障害がある可能性があります。発達障害がある人は、脳の機能の障害によって様々な困りごとをもっています。そのため、人とのコミュニケーションが苦手であったり、片付けができなかったりするなどの悩みを抱えていることが多いです。皆さんが想像もできないような生きづらさを抱えながら日々を過ごしているかもしれません。

　筆者自身、発達障害の1つである注意欠如・多動症の診断を受け、日常生活において、様々な困りごとを抱えていました。「抱えていました」と過去形にしているのは、現在はそれほど多く困りごとを抱えていないということです。筆者自身や発達障害を抱える人たちの経験をもとに、困りごとが少しずつ減少した方法、そして発達障害と向き合い、共に生きていくための様々な方法を紹介していきます。

　発達障害とは、脳の機能的な問題が関係して生じる疾患であり、日常生活、社会生活、学業、職業上における機能障害が発達期にみられる状態のことです。代表的なものとして、自閉スペクトラム症（ASD）、注意欠如・多動症（ADHD）、限局性学習症（SLD）があげられます。複数の発達障害が重なりあっていることも多く、同じ診断名でも、個人によって特性が違います。また、発達障害は、脳の機能の障害であり、しつけや教育が原因ではありません。

　文部科学省の（2022）年の調査では、全国の公立小中学校における発達障害の可能性のあるとされた児童生徒の割合は、（8.8％）であり、1クラス（3人）程度発達障害の傾向のある子どもたちが在籍しているという形です。

　発達障害が社会の中で広く認識されるようになり、診断を受ける人も増えてきました。大人になってから、生きづらさを感じ、発達障害と診断される人も多く、幅広い世代において、その人に合った支援が必要となってきます。

2 探究心が強い ASD（自閉スペクトラム症）

　まず、自閉スペクトラム症（以下、ASD）について説明します。

　ASD は、①他者とのコミュニケーションが苦手、②行動や興味が限定的である、③感覚が過敏または鈍麻という特徴があります。「相手の気持ちを理解するのが苦手」「目線を合わせるのが苦手」「対人関係で問題を抱えやすい」などの他者とのコミュニケーションにおける困りごとがあります。

　「同じ行動を繰り返す」「自分の決まったやり方がある」「興味の範囲が狭い」「臨機応変が苦手」という行動や趣味が限定的で、融通が利きにくい面もみられます。「味覚・嗅覚、触覚などが過敏または鈍い」「大きな音が苦手」という面での悩みを抱えている人もいます。人と話すことや視線を合わせることが苦手で「自分の世界にいる人」、ASD は真面目で堅物という印象を受ける人も多いのではないでしょうか。

　しかし、困りごとは捉え方によれば、「得意なこと」となります。好きなことや興味のあることについて、熱心に取り組んだり、調べたりすることができ、誰よりも極められるため、〇〇博士と呼ばれることもあります。そのため、研究者になる人もいます。決まったルーティーンをこなすことが得意です。とても真面目で、集中力があることは、ASD の人のとてもよい点です。

　そこで、ASD の人が生活しやすくなる方法を紹介します。

　好きなことに思う存分取り組むこと、それを仕事につなげることを考えるとよいでしょう。感覚過敏がある場合は、音や匂いの少ない静かな環境を整えることで、ストレスが減少します。またやるべきことを構造化することも大切です。構造化とは、「いつ」「どこで」「何を」「どのように」するのかを視覚化することです。言葉を聞くだけでは理解することが難しいことでも、目で見てわかると行動しやすくなります。

ASD の良いところ・得意なこと

・好きなことを誰よりも極められる。○○博士と呼ばれることもある。
・決まったルーティーンをこなすことが得意。
・とても真面目。
・集中力がすごい。

ASD の人が生活しやすくなる方法

・好きなことに思う存分取り組む→仕事につなげる。
・静かな環境にする。
・やるべきことを構造化する。

※構造化とは……「いつ」「どこで」「何を」
「どのように」するのかを視覚化するこ
と。

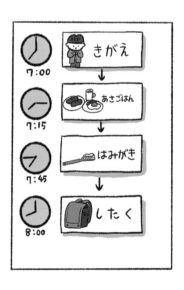

3　好奇心旺盛な ADHD（注意欠如・多動症）

　次に注意欠如・多動症（Attention-deficit/hyperactivity disorder、以下、ADHD）について説明します。ADHD の特徴は、不注意、多動性、衝動性の３つです。忘れ物が多い、すぐ気がそれて、人の話を聞くことが苦手、整理整頓が苦手という不注意に関係した困りごとがあります。授業中に席を立つ、身体をゆする、じっとしていられない、順番が待てない、よくしゃべるという多動性による困りごとがあります。相手の話の途中で話し始める、後先考えずに行動してしまう、友だちにちょっかいをかけてしまう、買い物を衝動的にしてしまうという衝動性による困りごともあります。そのため、学校園では、周囲とのコミュニケーションや行動については、ソーシャルスキルトレーニングという形で、特別支援教育の担当の先生方が中心となってトレーニングが取り組まれる場合があります。

　では、ADHD の得意なことは何でしょうか？　ADHD はバイタリティーの塊です。様々なことに興味を示し、様々なことに挑戦します。好奇心旺盛でいろいろなことにチャレンジできる、決断力がある、発想力が豊かという ADHD の人はとにかくパワフルです。また、注意がそれやすい印象の強い ADHD ですが、「過集中」という目の前のことしか見えない状況を作り出すことができます。過集中することにより、周りのことを気にせず、好きなことに没頭することができます。

　ADHD の人がリラックスして生活しやすくなる方法を紹介します。大事なことはメモを取りましょう。やるべきことを書き出し、スケジュールを管理できればよいです。忘れ物がないかは周りの人と一緒に確認しましょう。

　例えば、幼児期や学齢期のお子さんの場合は、学校園に持参する持ち物のリストを作成し、家庭で保護者と一緒に確認するという方法があります。学校園の行事予定を事前に把握しておくことなども重要でしょう。

　また、大人の場合には、メモや手帳、最近では、スマートフォンのアプリケーションを用いたスケジュール管理なども考えられます。

　ADHD においては薬物療法（コンサータ、ストラテラ、インチュニブなど）も主治医との相談で、検討される場合があります。

注意欠如・多動症（ADHD）の特徴

不注意

- 忘れ物が多い
- 他のことに気がそれることがある（人の話を聞くことが苦手）。
- 整理整頓が苦手である。

多動性

- じっとしているのが苦手である（授業中に席を立つ、身体をゆする）。
- 順番を待っているのが苦手である。
- よくお話をする。

衝動性

- 衝動的に買い物をすることがある。
- 相手が話している途中で、話し出すことがある。
- 後のことを考えずに、行動することがある。
- 感情のままに、行動することがある。

ADHD の人の良いところ・得意なこと

- 好奇心旺盛でいろんなことにチャレンジできる。
- 決断力がある。
- 発想力が豊かである。
- 好きなことに没頭できる（過集中）。

ADHD の人がリラックスして生活しやすくなる方法

- メモを取る。
- スケジュール管理を行う。
- 忘れ物がないか一緒に確認してもらう。
- 薬物療法（コンサータ、ストラテラ、インチュニブなど）を、病院で検討される場合がある。

4　頑張り屋さんの SLD（限局性学習症）

　最後に限局性学習症（Specific Learning Disorder、以下 SLD）について紹介します。「読字障害」（ディスレクシア）、「書字障害」（ディスグラフィア）、「算数障害」（ディスカリキュリア）という 3 つの特徴があります。がんばって勉強しているのに、成績が上がらないという困りごとを抱えているお子さんもいます。

　「読字障害」（ディスレクシア）では、文字を読むのが遅く、読んでいる行を飛ばしたり、読み間違えたりしまう、読んでいる文章を理解することが難しいといったことがあります。

　「書字障害」（ディスグラフィア）では、文字を書くのが苦手で、例えば、「おと」と「あと」といったように似た文字の形を間違えて書いてしまう場合もあります。

　「算数障害」（ディスカリキュリア）では、数の概念を理解することや計算が苦手、文章題の意図がつかみにくいなど、算数が苦手だったりします。

　学校園では、このようなお子さんは、他の教科では、得意な面も多く、クラスでも活躍していることもあるため、一見気づかれにくい場合もあり、「勉強が苦手」、国語や算数が「不得意科目」といった形で認識される場合があります。また、場合によっては、先生が「何度も書いて覚えましょう」といった形で、ひらがな、カタカナ、漢字やアルファベットの練習帳での追加の書き取り課題や計算ドリルの課題を出す場合もあります。このことによって、お子さんの課題や宿題の量が増え、放課後に遊ぶ時間が確保できないため、ストレスにつながることも想像できます。SLD においては、知的な発達に遅れはなく、特定の分野の学習が苦手であるといわれています。

　そこで、SLD の人が生活しやすくなる方法を紹介します。

　幼児期や児童期においては、ひらがなやカタカナ、漢字の練習帳での書き取り課題の際には、いきなり白紙に書くのではなく、まず、文字のなぞり書きを中心に行うことが考えられます。そしてお子さんが書いた文字に対して正しい文字のカードを見せるなどのフィードバックを行うこともが大切でしょう。また、その際には、日々のがんばりをほめてあげることも重要だと思います。

限局性学習症（SLD）の特徴

読み書きが苦手

・文字を読むのに時間がかかったり、読み間違えたりすることがある。

・読んでいる文章を理解することが難しい。

・文字を書くのが苦手である。

・板書を写すのに時間がかかる。

・鏡文字を書くことがある。

・助詞の使い方が苦手である。

算数が苦手

・数の概念を理解することが難しい。

・計算が苦手である。

・文章問題が苦手である。

・推論することが難しい

※知的な発達に遅れはないとされる。

SLD の良いところ・得意なこと

・苦手なことにも頑張って取り組める。

・多様なツールを使いこなすことができる。

・努力家である。

SLD の人が生活しやすくなる方法

・アプリやツールを使用する（ボイスレコーダー、PC の読み上げ機能、スマホのカメラ、タブレット、計算アプリ）。

・日々のがんばりをほめてあげる。

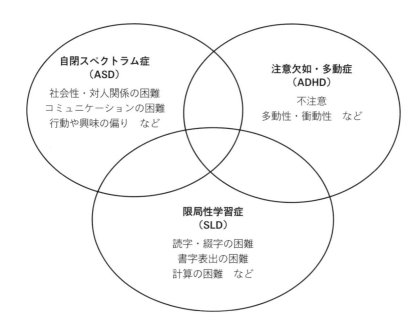

自閉スペクトラム症
（ASD）
社会性・対人関係の困難
コミュニケーションの困難
行動や興味の偏り　など

注意欠如・多動症
（ADHD）
不注意
多動性・衝動性　など

限局性学習症
（SLD）
読字・綴字の困難
書字表出の困難
計算の困難　など

発達障害

5　困りごとを減らすには

　ここからは、困りごとを減らす方法について紹介します。

　まず、自分の特性を知ることです。発達障害である自分を受け入れ、得意なことや苦手なことを一度書き出してみるとよいでしょう。他人から否定されることが多く、自己肯定感が低くなっているため、苦手なことの方が多いかもしれません、でも、それでよいのです。自分と向き合うことが大切です。

　次に、他人からほめられたことを思い浮かべてみてください。そんな経験はなかったと思うかもしれませんが、些細なことでも大丈夫です。例えば、「たくさん知識がある」「記憶力がいい」「元気」など、誰かからほめられたことはありませんか？　それがあなたの特性であり、強みです。

人はなぜ他人をほめるのでしょうか？「他の人より優れているから」「自分に
ない能力をもっているから」です。他の人にはない能力がある、それが発達障害
ということです。障害というとマイナスに捉えてしまいがちですが、誰かと合わ
すと生きにくさを抱えるだけです。あなたがあなたらしく生きることが大切で
す。

　ここで、私の困りごとを紹介します。

　「部屋が片づけられない」「一方的に話してしまう」「感覚が過敏のためすぐに
疲れる」「偏食で嫌いな食べ物が多い」「人づきあいが苦手」「本を読んでも内容
が頭に入ってこない」など、今特に気になっている困りごとはこれだけしかあり
ません。

　次に、私の得意なこと、特性を紹介します。

　「いつもパワフル」「人の誕生日を覚えるのが得意」「決まった仕事はきっちり
こなす」「遠くのコソコソ話もしっかり聞こえる」「多趣味な上に一つひとつが深
い」「1人でどこにでも行ける」など、些細なことでも全て特性です。何かの役
に立つ必要はありません。自分の好きなところを見つけて、もっと自分を好きに
なる。苦手なことも含めて自分を好きになる。決して難しいことではありませ
ん。自分は特別ではありません。みんな一人ひとり強みが違います。そう思うと
困りごとは減り、人生が少し楽しくなります。

　それでも時としてとても辛い状況に陥ることが何度もあります。そのような場
面をうまく乗り越えるのは難しいです。私は何度も逃げてきました。「逃げても
いいよ」と私は言いたいのですが、いつかは向き合わなければいけない時が来ま
す。大人の入り口でつまずく人が一定数います。学校という場所に縛られて生き
てきて、苦しい思いをすることも多かったのですが、いざ社会に出ると、自分で
決めて動かなければなりません。求めていた「自由」とは全く違います。うつ病
などの二次障害となることが多いのもこの時期です。「思うように生きられなく
てつらい」「生きている価値がない」と様々な感情が飛び交います。ADHD の人
は、次々とマイナスの感情が浮かんできます。ASD の人は1つの大きなマイナ
スの感情に固執します。そのようなときは、一度レールを外れてみましょう。

　でも、発達障害のある人は、元々レールの上にはきちんと乗っていません。
レールの近くを好きなように行ったり来たりしているだけです。元々レールの上

に乗っているわけではないので、レールに戻る必要がありません。大人になると、自分のペースで歩いていくことができます。マイナスなことは考え方次第でプラスに変えることができます。私は考え方の転換をすることで、困りごとが減り、とても生きやすくなりました。私と同じ方法で全ての人が生きやすくなるわけではないですが、1つの方法として紹介しました。1人でも多くの人が少しでも幸せになれたらいいなと願っています。

　また、発達障害のある人自身が自分の特性を理解して受け入れ、自分の得意なことを伸ばしていくこともちろん大切ですが、周囲の人々の理解と協力が発達障害のある人が生きやすくなるための大きなカギとなります。特に家族や親しい友人、学校の先生や支援者、職場の方々から理解し協力してもらえるかで人生が大きく変わってきます。周囲の人にとって発達障害のある人は、少し面倒がかかる存在かもしれません。ミスが多かったり、コミュニケーションがうまくできなかったり、何を考えているかわからないと思われる人も多いでしょう。でも、発達障害のある人はその理由が自分でもよくわかりません。それでも歩み寄ることで、理解しあえることができます。はじめはお互いわからないことだらけです。「当たり前の基準」が違うことに戸惑うかもしれません。しかし、人間誰しも得意なことや苦手なことが違います。発達障害の有無に関わらず、人と人が支えあって生きていく。その「当たり前」に気づかせてあげてください。その気づきが発達障害のある人の人生を大きく変えてくれることとなるでしょう。

　最後に、私のストレス解消法やリラックス方法を紹介します。

　私は歌いながらドライブすることやダンスを踊ることでストレスを解消しています。映画を見るのも好きです。最近は、お気に入りの映画を12回観に行きました。それを周りの人に伝えると驚かれました。また、感覚過敏があり、人より疲れやすいので、しっかり睡眠をとります。普段は12時間睡眠です。起きている時間が他の人より短いので、1日を効率よく過ごすために、毎日行動予定を作っています。それでも衝動的に出かけてしまう時の方が多いです。一時期は、「ストレス」を感じていることに気づかず、知らない間に疲れ切ってしまっていることもありました。そのため、自分の心のバランスを保つために、セルフコントロールできるように練習しています。好きなことだけをやっていく人生は難しいかもしれませんが、苦手なことをできるだけやらない人生を送ることはできる

と思います。世間でいわれる「普通」である必要はありません。私は、発達障害
という特性と生きていく人生を思いっきり楽しんでいきたいと思っています。つ
らいこともたくさんありますが、自分のことを大好きな人生でありたいです。

引用・参考文献

厚生労働省 web サイト　発達障害の理解のために https://www.mhlw.go.jp/seisaku/17.html
（閲覧日：2022.10.8）

文部科学省（2012）通常の学級に在籍する発達障害の可能性のある特別な教育的支援を必要
とする児童生徒に関する調査結果.

American Psychiatric Association, 日本精神神経学会（監修）, 高橋三郎・大野裕（監訳）,
染矢俊幸・神庭重信・尾崎紀夫・三村將・村井俊哉（訳）（2014）DSM-5® 精神疾患の診
断・統計マニュアル. 医学書院.

第 2 章

オンラインでできる
ライフスキルトレーニング

亀井　有美

1 ライフスキルって何？

　ライフスキルとは「日常生活で生じるさまざまな問題や要求に対して、建設的かつ効果的に対処するために必要な能力」（世界保健機関（WHO）；川畑徹朗他（監訳）、1997）のことです。わかりやすくいうと、「よりよく生きていくために役に立つスキル」のことです。

　例えば、「自分はどんな気持ちだろうか？」「相手はどんな気持ちだろうか？」「自分の考えを相手に上手に伝えることができるのだろうか？」「どれを選べばいいのだろうか？」「自分の得意なことは何だろうか？」「ストレスとうまく付き合っていくことができているだろうか？」など、日常生活場面において感じている様々なことができたり、わかったりするスキルのことです。また、身だしなみ、移動、買い物といった生活する上で必要なスキルもライフスキルです。ライフスキルを向上するために行うのが、ライフスキルトレーニングです。

　これまで、通常の学校園で行われてきたライフスキルトレーニングは、少人数のグループで行われる特定の課題（特に、健康面に関連する飲酒、喫煙、薬物乱用防止など）に対するブレインストーミングなどを用いた形態が中心でした。また、特別支援学校では、身だしなみなどについて考える機会も設定されてきました。これらの内容については、学級担任や養護教諭、心理職が連携して行われることが多く、学校園に在籍する子どもたちの家庭や保護者もそれらの特定の課題について、考える機会にもなっていました。

　このようなライフスキルトレーニングは、第1章でも述べましたが発達障害のある人が、自分自身と向き合うことを学ぶ機会になると考えられます。

　しかしながら、昨今の感染症対策下においては、学校園において、少人数のグループで熱心にブレインストーミングを行うことが困難だったり、マスク越しであるため、相手の表情が読み取りにくかったりする状況が生じています。そのため、発達障害のある子どもたちについて、他者とコミュニケーションを取る際の苦手さが、さらに増幅しているとも考えられます。このような感染症対策下でもできる内容を発達障害のある人に、提案していくことが経験上、必要であると考えました。

　よく似た言葉として、第1章で出てきた「ソーシャルスキル」があります。

ソーシャルスキルは、対人関係や社会生活を営むために必要なスキルのことです。学校園で先生が実施しているソーシャルスキルトレーニングでは、ロールプレイや絵カードを用いて、「こんなときどうする？」といったことを考えたり、「相手は何を考えている」といった他者の気持ちを推察したりする取り組みが行われており、社会的コミュニケーションの向上や集団生活における行動面の調整を目的とします。

　ライフスキルには、次の 10 の領域があります。

ライフスキルの 10 領域

意思決定スキル	いくつかの選択肢の中から自分に適したものを 1 つ選択するスキル。
問題解決	自分が直面する問題に対処するスキル。
創造的思考	どんな選択肢があるか、行動あるいは行動しないことがもたらす様々な結果について考えることを可能とし、意思決定と問題解決に役立つスキル。
批判的思考	批判的思考によって、情報や経験を客観的に分析する。
効果的コミュニケーション	言語と非言語両方でコミュニケーションを効果的に行うスキル。
対人関係スキル	自分がやりたいことを良好な人間関係を維持しながら、論理的に主張するスキル。
自己意識	自分自身、自分の性格、自分の長所と弱点、したいことや嫌いなことを知ること。
共感性	他者の気持ちや生活がどのようなものであるか想像するスキル。
情動への対処	自分が他者の情動を認識し、情動が行動にどのように影響するかを知り、適切に対処すること。
ストレスへの対処	生活上のストレス源を認識し、ストレスの影響を知り、ストレスのレベルをコントロールすること。

出典　石隈利紀（監修），熊谷恵子・田中輝美・菅野和恵（編）(2016) ライフスキルを高める心理教育，金子書房.

2 ライフスキルと発達障害

　発達障害がある人は、コミュニケーション面や生活面で、複雑かつ多様な困りごとを抱えています。例えば、「対人関係がうまくいかない」「相手の気持ちがわかりにくい」「自分の気持ちの認識が苦手」といった社会的コミュニケーションの障害、「自己のコントロールが苦手」「自己や他者、物に対する行為」といった行動上の問題や行動障害の重篤化が起きます。それらが、長く続くことにより、二次障害となることもあります。二次障害は、「ストレスを感じやすい」「発達障害である自己を受け入れるのが難しい」「自尊感情や自己肯定感が低い」といったことから、うつ病などの精神疾患を併発することもあります。学業面や就労面で、困難が生じ、生活面でも影響が生じます。学校に行けなくなってしまったり、仕事を続けるのが難しかったり、生活をする上で必要なことができなくなってしまうこともあります。

　これらの困りごとを改善するために、ライフスキルトレーニングが必要となります。

　ライフスキルトレーニングにはどのようなものがあるでしょうか。

　他人の気持ちを知り、うまくコミュニケーションをとるための対人関係スキルを身に付けるトレーニング、自分がするべきことを決める行動面のトレーニング、着る服を選ぶ、髪の毛を整えるといった身だしなみのトレーニング、健康に生きていくための健康管理のトレーニング、欲しいものを買い、無駄遣いをしないといった買い物や金銭管理のトレーニング、行きたい場所にたどりつくための移動のトレーニング、余暇の過ごし方のトレーニング、こまった時にどうするか対処するスキルを身に付けるトレーニングなどが挙げられます。

　また、ご家族の方にとっても、お子さんのこれからの将来を考えた際に、これらのライフスキルを身に付けておくことが成人になってから、社会生活を送る上で、安心材料になると考えられます。

　学校での集団生活を送る上での、ソーシャルスキルトレーニングについては、学校園で特別支援教育の担当の先生によって取り組まれている部分が多いといえますが、ライフスキルトレーニングについては、身だしなみや金銭管理、余暇活動等、買い物、毎回の食事作りなど、家庭での生活や個人の嗜好の部分も含むた

め、学校園で取り組みにくい部分があるのが現状かもしれません。

　ライフスキルトレーニングでは、より身近な出来事における困難を乗り越える
ため、時代に即して進化し続けるトレーニングが必要となってきます。

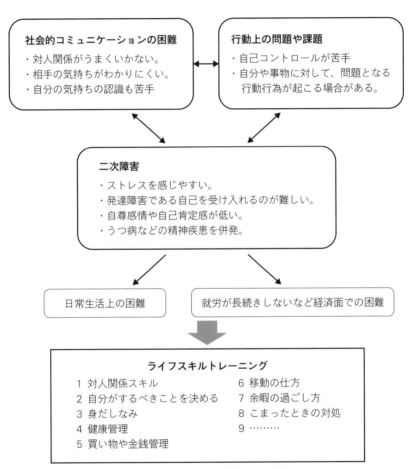

ライフスキルと発達障害との関係

3 オンラインでできる
ライフスキルトレーニング

　現在では、文部科学省における GIGA（Global and Innovation Gateway for All）スクール構想の実現に向けて、1人に1台の端末環境が整えられています。文部科学省（2019、p.3）においても、「公正に個別最適化された学び ～誰一人取り残すことなく子供の力を最大限引き出す学び～」として、子どもたちの多様化に向き合うことの重要性や、第1章で述べてきた自閉スペクトラム症（ASD）、限局性学習症（SLD）、注意欠如・多動症（ADHD）などの発達障害の可能性のあるお子さんが、同じ教室で学習していることや「学習障害をはじめとした支援を要する子供に応じた先端技術を活用した教材（例えば、ディスレクシアの子供に対する音声読み上げ機能をもった教材）を提供することで、個々に応じた学びの支援が可能になる」といったことが示唆されています。

　これらのことから発達障害のあるお子さんのオンライン上における効果的な学習のための様々なコンテンツが求められており、学力向上だけでなくコミュニケーション力向上や心理的安定に関するコンテンツも必要とされています。

　発達障害の特性として、対人コミュニケーションが苦手だったり、集中力が続かなかったりすることがあります。オンラインコンテンツにおいて、「自宅という慣れ親しんだ場所できる」「対面でのコミュニケーションが苦手でも、オンライン上では、緊張感がやわらぎ、コミュニケーションに対する苦手意識が減る」「注意がそれやすい人や感覚過敏があり会話に集中することが難しくても、落ち着いて会話をすることができる」などの長所があります。発達障害のある人は、様々なツールを利用して困りごとを軽減していくことが可能でしょう。

　例えば、発達障害のある人は、相手の表情を読み取ることが苦手で、無意識に相手を傷つけてしまうことがあり、対人関係においてトラブルが生じることがあります。そのような場面において、落ち着いて対処できるスキルを身に付ける必要があります。

　そこで、このたび、筆者がオンラインコンテンツとして、感情や表情の種類を理解し、相手の気持ちを表情から認知するライフスキルトレーニングを作成してみましたので、チャレンジしていただければと思います。

4 LOVE LIFE スキルトレーニング

LOVE LIFE スキルトレーニングとは、筆者が考案した「LOVE と LIFE で自分の人生をたくさん好きになれるように一緒にトレーニングをしていく」音楽を使用し、体を動かしながら楽しく行う、約 15 分間のオンラインコンテンツです。

筆者の経験上、オンラインでライフスキルトレーニングを行うことの利点には、以下の点があげられます。

オンラインコンテンツの良いところ
・自宅という慣れ親しんだ場所で、できる
・対面でのコミュニケーションが苦手でも、オンライン上では、緊張感がやわらぎ、コミュニケーションに対する苦手意識が減る
・注意がそれやすい人や感覚過敏があり会話に集中することが難しくても、落ち着いて会話をすることができる

5 Let's LOVE LIFE Part 1 「マスクでクイズ」

今回のテーマは、「マスクでクイズ」です。

「マスクでクイズ」はオンラインで行う、マスクをつけた状態で表情を当てるトレーニングです。

私たちの仲間には、気持ちを表情に出すのが苦手な人もいます。また、相手の表情から気持ちを読み取ることが苦手です。それなのに、街を歩いていると、このご時世、周りはみんなマスクをしています。目から上だけで、相手の気持ちを読み取らなければいけません。

マスクをした状態でも相手の表情を読み取ることができるようトレーニングしていきましょう。

LOVE LIFE スキルトレーニング 「マスクでクイズ」
YouTube にて動画を掲載しているのでご覧ください。

「今日行うのは、LOVELIFE スキルトレーニングという私かみいが考えた、とっておきのトレーニングです。LOVE とLIFE で自分の人生をたくさん好きになれるようにトレーニングしていくものです。」

あの人は笑っているの？怒っているの？ 表情を読み取るのが苦手なのに……。
みんなはマスクをしている。

☆ポイント☆
私も表情を作るのが苦手です。人とのコミュニケーションはお互い様なことがたくさんあります。相手のことをどれだけ理解しようとするかが大切です。でも、わからなかったら、「わからない」と言いましょう。それも大事な練習です。

今から音楽が流れます。音楽に
合わせて自由に身体を動かして
下さい。
音楽が終わったら、私がある表
情をします。私がどんな気持ち
なのかを当ててください。

♪音楽♪
私は女の子〜困った女の子〜
あの人笑ってる？怒っていない
か

音楽が流れたら身体を動かしま
す！

ノリノリで動いてください！

私はどんな顔をしていますか？

笑っている顔！！

泣いている顔……

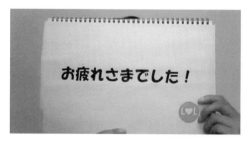

どうでしたか？
少しずつ一緒に練習していきましょう。
では今日のレッスンはこれでおしまいです。
「お疲れさまでした！！」

6 Let's LOVE LIFE Part 2「マスクでクイズ」レベルアップ問題

LOVE LIFE スキルトレーニング
「マスクでクイズ」レベルアップ問題

YouTube にて動画を掲載しているので、ご覧ください。

レベルアップ問題！

　ルールは先ほどと同じです。

　今から音楽が流れます。音楽に合わせて自由に体を動かしてください。音楽が終わったら、私がある表情をします。私がどんな気持ちなのかを当ててください。今回はここに書かれた3つの中から、私がどの顔をしているかを当ててください。

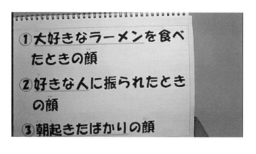

①大好きなラーメンを食べたと
　きの顔
②好きな人に振られたときの顔
③朝起きたばかりの顔

音楽が流れたら、身体を動かし
ます。

私はどの顔をしているでしょうか。

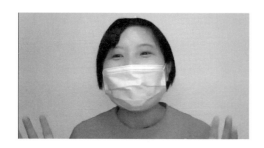

①大好きなラーメンを食べたと
　きの顔です。

LOVE LIFE スキルトレーニングは、YouTube にて随時アップしていきます。
チャンネル登録よろしくお願いします。

引用・参考文献

石隈利紀（監修），熊谷恵子・田中輝美・菅野和恵（編）（2016）ライフスキルを高める心理教育．金子書房．

文部科学省（2019）新時代の学びを支える先端技術活用推進方策（最終まとめ）

WHO（編），川畑徹朗他（監訳）（1997）WHOライフスキル教育プログラム．大修館書店．

第 3 章

心も身体もリラックス
動作法をやってみよう

山﨑　真義

1 動作法とは？

（1）肢体不自由の人たちのために考えられた支援方法

　動作法とは1960年代後半に九州大学の成瀬悟策先生によって開発された心理リハビリテイションと呼ばれる支援方法です。主に肢体不自由の方々の身体の動きの改善のために開発されました。脳性麻痺などの障害のために生じる「手足が動かしにくい」「座る・立つなどの姿勢がスムーズにとれない」といった身体の動きの困難が少しでも改善するにはどうすればよいのかということを考えて開発された支援方法です。

（2）催眠中に動かないはずの手足が動いた

　動作法を開発した成瀬先生はもともと催眠の研究をしておられました。そこで、肢体不自由の人たちに催眠をかけてみると、元々スムーズに動かなかったはずの手足が、催眠中には筋緊張が弛み、動きやすくなるということが発見されました。しかし、催眠を解いてしまうとまた元通りになってしまうということも同時にわかったのです。

（3）身体が動かないのではなく、身体を思ったように 自分で動かせないだけ

　これらの経験を通じて、成瀬先生は肢体不自由の人たちは脳性麻痺などの障害、つまり中枢性の運動障害によって身体が動かないということだけではなく、身体の動かし方を上手く獲得できていない部分もあるのではないか、自分で自分の身体の動きをコントロールするやり方に気づき、学んでいくことで、この不自由が改善していく可能性があるのではないかと考えるようになりました。

(4)「動作」の誕生

　このような経過から成瀬先生は、肢体不自由の人たちの身体の動きの様々な困難さの要因について、本人の心理的・内的な努力のあり方に目を向けるようになりました。そこで人の身体の動きは本人の主体性を中心にした「意図―努力―身体運動」という一連の仕組みで捉えるべきであると考え、それを「動作」と名付けました。

動作とは

| 意図 | 努力 | 身体運動 |

(5) 動作訓練のスタート　その後動作法へ

　このような考え方に基づき肢体不自由の人たちの身体の動きの困難に対し、身体を動かすための本人の努力の仕方を変えていき、自分の思うように身体を動かせるようになることを目指して動作訓練がスタートし、多くの成果をあげてきました。その後この動作訓練は肢体不自由の人たちだけではなく、心理療法としてスポーツ選手や高齢者、精神疾患の人たちなど対象の多様な広がりを見せ、「動作法」と呼ばれるようになりました。

2 発達障害児・者と動作法

（1）腕上げ動作コントロール訓練で多動児が落ち着いた

　前節でも説明した通り動作法は肢体不自由の人たちの身体の動き（動作）の改善のために開発された支援方法でした。しかし、今野義孝先生が、多動児に対して「腕上げ動作コントロール訓練」という動作訓練を実践したところ、多動な状態が改善されたという驚きの研究成果を報告されました。「腕上げ動作コントロール訓練」とは仰向きで寝た姿勢で大人と一緒に腕を真っすぐに上げ下げしていく動作訓練のことです。では、なぜこのような取り組みが多動な状態の改善につながったのでしょうか？

（2）発達障害の人たちに自分の身体への気づきと 身体の自己コントロール力の向上を

　発達障害の人たちは、身体のいたるところに自分でも気づかないような慢性緊張をもっているといわれています。また、自分の身体にある不快な緊張状態を上手にコントロールすることができずに、イライラしたり、動き回るなどの行動を通して身体に刺激を入れてしまったりすることがあるとされています。この「腕上げ動作コントロール訓練」では、大人と一緒に腕を上げ下げすることで、まず肩や腕に入っている慢性緊張に自分で気づいてもらうことから始まります。そし

て、次第に力を抜いてリラックスする感覚を身に付けさせることで、身体の自己コントロール力が向上し、その結果として落ち着いて行動できたり、自己制御能力を高めたりすることにつながっていくとされています。

（3）動作法が発達障害児・者のコミュニケーション能力の向上にもつながった

　1980年代以降には自閉スペクトラム症を中心とした発達障害児・者への動作法の研究が盛んに行われるようになりました。その中でコミュニケーションが取りづらかった自閉スペクトラム症の子どもたちに動作法を行うことで「よく目が合うようになった」「大人に自分から関わってくることが増えた」「相手に伝えるための言葉が増えた」などコミュニケーション面の発達が確認されたというような研究結果が発表されるようになりました。動作法はトレーナー（大人や教師）が子どもたちの身体に直接働きかけ、子どもたちは身体の動きを通してそれに応えます。言葉でコミュニケーションをとることが苦手な子どもたちもこのような身体を通したコミュニケーションを積み重ねることがこの動作法でならば比較的容易に行えます。このようなやりとりを積み重ねる中で、コミュニケーション面の発達が促されるようになったのです。

　このように、現在では発達障害児・者のコミュニケーション能力の向上を含めた発達全体を促す支援方法の1つとしてこの動作法が全国各地で実践されてきています。

3　支援者と一緒に行う動作法（1）「躯幹のひねり」

①ねらい

・横向きに寝た姿勢（側臥位）で体幹をひねる動作を通して、身体全体の力を抜いてリラックスする。

②方法

・子どもは横向きになって寝た状態（側臥位）で、指導者は子どもの腰が床と垂直な状態が保てるよう膝で腰が傾かないようにブロックをします。子どもの状態に応じて頭の下にクッションなどを置いて姿勢を安定させます。その状態で胸・肩を軽く押すようにして体幹を少しずつひねっていきます。ひねった後はまたゆっくりと元の姿勢に戻していきます。

③注意点

・少しずつでも子どもが自分自身で力を抜いていくことを大切にします。子どもが力を抜いていないのに、大人が無理やり力づくで、押しこんでひねっていくことをしてはいけません。大人は子どもの肩や胸に手を当てながら、子ども自身が力を抜いて身体をひねっていけるように促す役割を担います。

・ひねっている途中で動きが止まったらその場でゆるんでくるのを少し待ったり、一度戻してから再びひねったりしていきます。子どもが自分で力を抜いていく感覚をつかんだり、心地よさを感じたりしていくことが大切です。

① 準備姿勢

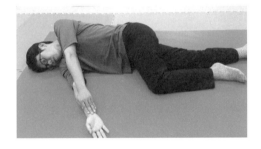

準備姿勢として、子どもを横向きに寝かせます。まずはこの姿勢で全身の力を抜いてリラックスできるように働きかけます。

② 身体をひねる

子どもの腰が床方向に倒れないようにしっかりと大人の手と足で支え、肩や胸を押しながら体幹をひねっていきます。

③ 姿勢を戻す

ひねり終わったら、元の姿勢に戻していきます。子ども自身がゆっくりとした動きで姿勢を戻せるように援助します。

4 支援者と一緒に行う動作法（2）「腕上げ」

①ねらい

- 仰向けに寝た姿勢で腕を真っすぐに上げていくことにより、腕や肩のリラクセーションを行う。
- 上記の活動をトレーナーと一緒に動きやペースを合わせて行う中で、他者とコミュニケーションをとるための基礎的な能力の形成をはかる。

②方法

- 子どもは腕を下ろした状態で仰向けに寝ます。トレーナーは子どもの手首と肘を持って「一緒に腕を上げていくよ」と言いながら腕を上げていきます。真っすぐ垂直に上げられたら「次は下げようね」と言いながら、元の位置に下げていきます。

③注意点

- 肩周りの筋緊張が強く上げている途中で動きが止まったら、その場で止まってゆるんでくるのを待ったり、少し上げている腕を戻して再び上げていったりします。無理やり力づくで、子どもの腕を上げようとしてはいけません。
- トレーナーが勝手に腕を上げていくのではなく、子どもが自分で上げていくことを大切にします。子どもがトレーナーの働きかけに応じて腕を上げ下げできるようになったら、「途中で止まる」「ゆっくり動かす」などトレーナーのペースや動きに合わせて上げ下げできるように働きかけを行います。

① 準備姿勢

準備姿勢として、子どもを仰向けに寝かせます。まずはこの姿勢で力を抜いてリラックスできるように働きかけます。

② 腕を上げていく

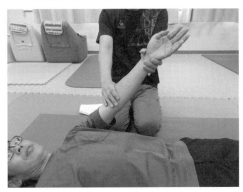

「せーの」のかけ声を行い、子どもに腕を上げるように促します。肘と手首を持って少しずつゆっくり上げるように促します。

③ 腕を最後まで上げる

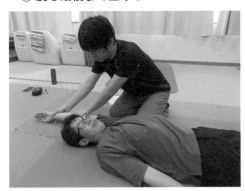

真っすぐ耳の横まで上げられたら、肩周りの緊張が弛むように数秒待ちます。その後ゆっくりと腕を元の位置に戻します。

5 支援者と一緒に行う動作法（3）「肩ゆるめ」

①ねらい

・仰向けに寝た姿勢でトレーナーが上から両肩を押したり、上下に動かしていったりすることで肩回りのリラクセーションを図る。

②方法

・仰向けに寝た子どもの両肩をトレーナーがゆっくり下方向へ押していきながら肩の緊張をゆるめていきます。2〜3回繰り返して緊張がゆるんできたら、肩を床につけた状態からゆっくり上にあげたり下にさげたりしていきます。

③注意点

・子どもの肩回りの緊張が強い場合には一気に床につけようとせずに、少しずつゆるめていくようにします。力づくで、押すのではなく、子どもが自分自身で筋緊張に気づいて、自分で緊張をゆるめていけるようにすることが大切です（子どもの肩周りの緊張の度合いに応じて押す力加減を調整していきます）。

・肩の緊張がある程度ゆるんだ後で、上にあげたり下にさげたりする時にも、子ども自身が一緒に動かしていけることを大切にしながら行います。最初は動かすイメージが持ちにくいことが多いため、トレーナーが主導で動かして、2回目以降には方向を示す程度に促します。

① 準備姿勢

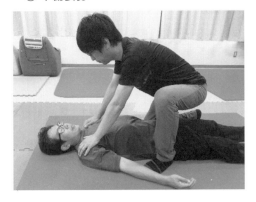

準備姿勢として、子どもを仰向けに寝かせます。その後両肩にそっと触れるようにトレーナーの手を置いて準備します。

② 両肩を押していく

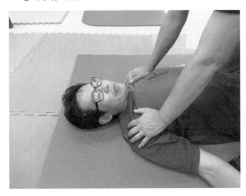

「肩の力を抜こうね」と言葉かけをしながら軽く床の方向に両肩を同時に押していきます。

③ 両肩を上げ下げしていく

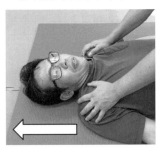
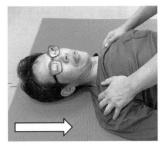

両肩がある程度床についた状態から上下に上げ下げしていきます。

6 支援者と一緒に行う動作法（4）「肩上げ」

①ねらい

・あぐら座位姿勢でトレーナーと一緒に肩を上下に動かしていくことで、肩回りのリラクセーションを図る。

②方法

・あぐら座位で子どもに真っすぐの姿勢をとらせ、子どもの両肩をトレーナーが後ろから軽く支えます。「いくよせーの」などのかけ声をかけながら、片方ずつ一緒に上げたり下げたりしていきます。片方ずつの上げ下げを何度か繰り返した後で、最後に両肩を一緒にあげていきます。

③注意点

・子どもの肩は強く持ちすぎないように軽く触れる程度の力で支えます。トレーナーが力づくで子どもの肩を上げることはしてはいけません。トレーナーは、肩を上げる方向性を示す程度で、子どもが自分自身で上げたり下げたりしていくことを大切にします。

・自分で肩を上げている途中で動きが止まったら、そのままの状態で少し緊張がゆるんでくるのを待ちましょう。そして少し待った後で「もう少し上げてみましょう」と言葉かけをしてさらに上げるように促してみます。

① 準備姿勢

準備姿勢として子どもをあぐら
座位にさせます。そして背中を
真っすぐにするように促しま
す。

② 片方ずつ肩を上げ下げする

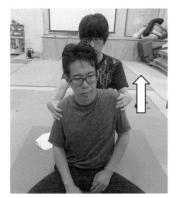

上げる方の肩を意識させながら
「いくよせーの」などのかけ声
をかけて一緒に上げていきま
す。

③ 両肩を一度に上げ下げする

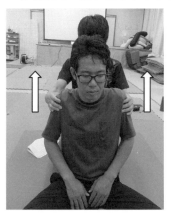

両方の肩を持って同時に上げて
いくように促します。ゆっくり
と少しずつ上げていけるように
します。

7 支援者と一緒に行う動作法（5）「背反らせ」

①ねらい

・あぐら座位姿勢でトレーナーにもたれ、後方に背中を反らせることにより、首、肩、背中の力を抜いてリラクセーションを図る。

②方法

・あぐら座位姿勢で真っすぐの姿勢を取らせ、子どもの後方から背中に足を当て、両手で首を支えます。そして背中に当てた足を起点として少しずつ、背中を反らしていきます。十分に背中を反らした後で元の姿勢に戻って、再び反らせることを2～3回繰り返します。

③注意点

・トレーナーが後ろに引っ張るのではなく、子どもが自分で後ろに倒れてくるように言葉かけを行います。少しずつ子どもの動きに合わせて上体を反らせていくことを大切にします。特に首が不安定だと怖さを助長するので、首は特にしっかりと補助するようにします。

・背中に当てている足が倒れてしまうと、ただ子どもの上体が倒れてしまうだけの活動になってしまうので、子どもの背中を反らせながらも、当てているトレーナーの足が倒れてしまわないように注意します。

① 準備姿勢

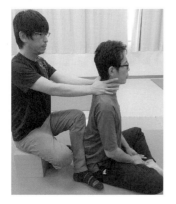

準備姿勢として子どもをあぐら
座位にさせます。そして背中に
足を当てて首を補助します。

② 補助の仕方

 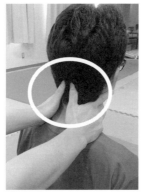

足の補助は起点となる
のでしっかり当てま
す。頸の補助は親指を
使って頭が倒れてこな
いようにします。

③ 背中を反らせるように後方に倒れる

当てている足は、ず
れたり、倒れてしま
わないようにしま
す。ゆっくり力を抜
いて反らしてもらい
ます。

8 支援者と一緒に行う動作法（6）「肩開き」

①ねらい

・あぐら座位姿勢で両肩を開く方向（後ろ）に動かすことで、両肩と首まわりのリラクセーションを図る。

②方法

・あぐら座位姿勢で子どもの腰から背中にかけて後ろからトレーナーの足を当て、真っすぐの姿勢を取らせます。そして両肩を持ちそっと支えます。トレーナーは両肩を持ったまま、まずは後方に開くようにゆるめていきます。力が抜けてきたらゆっくりと元の姿勢に戻していきます。後方に開いていく活動を2〜3回繰り返した後で、次に後ろ方向に緩めてから軽く下方向にもゆるめていきます。力が抜けたらゆっくりと元の姿勢に戻していきます。

③注意点

・手による肩の支えは手の平全体で包み込むように支えましょう。肩を強く持ちすぎないように注意が必要です。スムーズに力が抜けないところが見つかったらそこでしばらく力が抜けるのを待ちます。無理に動かすことは子どもの緊張をより強めることにつながるので注意が必要です。

・この活動もトレーナーが力づくで行うのではなく、子ども自身が自分で肩を開いていけるように援助を行います。また、下方向に力を加える時は少しずつ子どもの状態を見ながら圧を加えていくようにします。

① 準備姿勢

準備姿勢としてあぐら座位にさせます。
足を腰から背中にかけて当て、真っすぐの姿勢にします。

② 両肩を後方に開く

背中に当てている足を起点としながら両肩を後方に開いていくようにゆるめていきます。

③ 両肩を開いたまま下方向に緩めていく

両肩を後方に開いた後で、そこから下方向にも力を加えて両肩のリラクセーションを行います。

9　支援者の動きを模倣して行う動作法（1）「足首ゆるめ」

①ねらい

・身体の動きを模倣することを通して、トレーナーや自分の身体への意識を高める

・片膝立ち姿勢でバランス力を養うとともに、しっかりと出し足でふみしめる活動を通して、両足首のリラクセーションを図る。

②方法

・まず、トレーナーが子どもの真横で膝立ち姿勢となり、同じ姿勢を取ることを促します。次に左右どちらかの足を前に出して「片膝立ち」の姿勢になります。最後に両手を出し足に乗せて、出し足に向かって体重をかけてしっかりと床を踏みしめながら、足首を緩めていきます。

③注意点

・片膝立ちは非常に不安定な姿勢なので、まずは姿勢作りを丁寧に行います。特にバランスを崩して転倒しないように注意が必要です。子どもの出し足が真っすぐ出ているかどうか確認しましょう。子どもが片膝立ちの姿勢に慣れて安定したことを確認したうえで、ゆっくりと出し足に体重をかけていくようにします。

・すぐに戻るのではなく5秒〜10秒出し足に体重を乗せた状態でじっくりとゆるめていきます。

① 準備姿勢　その１

まずは子どもの横でトレーナーが膝立ち姿勢となり、膝立ち姿勢になることを促します。

② 準備姿勢　その２

「足を前に出すよ」と言葉かけをしてトレーナーは子どもに片方の足を前に出すように促します。

③ 出し足に体重をかける

両手を出し足の膝の上にのせて「ギューッと踏んでみよう」と声をかけ少しずつ出し足に体重をかけていきます。

10 支援者の動きを模倣して行う動作法（2）「お尻上げ」

①ねらい

・身体の動きを模倣することを通して、トレーナーや自分の身体への意識を高める。

・お尻や背中の筋力を高めるとともに、股周りの筋肉を伸ばすことでリラクセーションを図る。

②方法

・まず、トレーナーが子どもの真横で仰臥位姿勢となり同じ姿勢を取ることを促します。次に両膝を立て、両手を床にしっかりとつけた状態からトレーナーが「せーの」などの声かけを行い子どもと一緒にお尻を上げます。何をするのか子どもがわかりにくくしている場合には、お尻の部分を触って上げる部分をわかりやすく子どもに示すようにします。

③注意点

・すぐにお尻を下げてしまう子どももいるので、数をカウントするなど一定時間上げることを子どもに意識させられるように支援を行います。また、自分の身体に意識を向けながら取り組めるように「お尻にぎゅっと力を入れてごらん」などの声かけを行います。

・子どもが自分のペースで上げ下げをするのではなく、トレーナーの声かけに応じて行うなど、トレーナーと一緒に動きのペースを合わせて上げていけることを大切にします。

① 準備姿勢

準備姿勢として、トレーナーは
子どもに仰臥位で膝を立てた姿
勢になるように促します。

② お尻を上げる

「お尻を上げるよ、せーの」と
言葉かけをして、お尻をしっか
り上げていくように促します。

③ 上げた時の姿勢のチェックポイント

トレーナーは子どものお尻が下
がっていないかチェックすると
ともに、5秒程度上げていられ
るよう促します。

11　支援者の動きを模倣して行う動作法（3）「片足バランス」

①ねらい

・身体の動きを模倣することを通して、トレーナーや自分の身体への意識を高める。
・バランス感覚を養うとともに、片足でしっかり床を踏みしめる経験をする。

②方法

・まず、トレーナーが子どもの正面で立位姿勢となり同じ姿勢を取ることを促します。次に、片方の足の足裏をもう片方の足のくるぶしにつけて、片足でバランスを取って姿勢を保つように促します。また、両手を広げるなどバランスを保ちやすくするやり方も示します。10秒ほど姿勢が保てたら反対の足も同様に実施して、2〜3回繰り返します。

③注意点

・バランスとりを行う前提としてまずは、真っすぐの立位姿勢が取れるようにします。「良い姿勢シャキッ」などの声かけを行い、そのまま2〜3秒じっとします。その後真っすぐの姿勢のまま、片足を上げていくように促します。
・片方の足をもう片方のくるぶしの部分につけることがわかりにくい場合には、実際に子どもの足を持ってやり方を示すようにします。それでもわかりにくい場合には普通に片足を上げるやり方に変えてもかまいません。

① 準備姿勢

準備姿勢として、トレーナーは
子どもの正面に立ち、真っすぐ
の立位姿勢になるように促しま
す。

② 片足を上げる

片方の足
をもう片
方の足の
くるぶし
辺りに当
てて片足
を上げま
す。

③ 両手を広げてバランスをとる

バランスを取りやすくするため
に両手を広げてバランスを取る
ように示します。
5秒〜10秒姿勢を保ちます。

12 支援者の動きを模倣して行う動作法（4）「四つ這いバランス」

①ねらい

・身体の動きを模倣することを通して、トレーナーや自分の身体への意識を高める。

・バランス感覚を養うとともに、体幹の筋力を高める。

②方法

・まず、トレーナーが子どもの横で四つ這い姿勢となり同じ姿勢を取ることを促します。四つ這い姿勢になったら「手を上げるよ」と声かけを行い、片方の手を床と平行になるようにまっすぐにあげます。その後上げている手と反対の足を上げてそのままの姿勢を 10 秒程度保ちます。

③注意点

・いきなり手足両方を上げるのではなく、まずは手を上げた状態の「3 点支持」でしっかりとバランスが保てるように練習をします。手を上げるときは指先までまっすぐに「ピン」と上げるように言葉かけを行います。「3 点支持」でしっかりとバランスが保てるようになった後に足を上げる課題に取り組んでいきます。

・手足をしっかりと上げた姿勢で 10 秒程度姿勢を保持します。途中で手足が下がってくることがよくありますが、その時には下がった手を直接触って「真っすぐ上げるよ」と促していきます。

① 準備姿勢

準備姿勢として、子どもの横で
四つ這い姿勢をとるように促し
ます。この時顔をしっかり上げ
るように伝えます。

② 手を上げる

準備姿勢が整ったら「まずは手
を上げるよ」と言葉かけをし、
どちらか一方の手を真っすぐ上
げていきます。

③ 手と足を上げる

「3点支持」で姿勢が保持でき
るようになったら「今度は足も
上げます」と言葉かけをして足
を上げていきます。

コラム①
「発達障害児・者のコミュニケーションと動作法」

（1）コミュニケーションの発達の道筋

　赤ちゃんは言葉をしゃべる前から身体的接触などを通して養育者との愛着関係を築き、視線を交わし合い、養育者と同じものに注意や意識を向けられるようになっていきます。そして、やがて自分の要求や思いを指さしなどで伝えることもできるようになっていきます。これは「前言語期のコミュニケーション」と呼ばれ、これらの土台がしっかりとできて初めてその後の「言葉の発達」が促進され、言葉でのコミュニケーションが豊かに行われるようになっていくといわれています。

（2）発達障害児・者のコミュニケーション

　発達障害児・者の中には、言葉は話せても他者とのやりとりの中で上手く使うことができなかったり、言葉で自分の思いを話すより前に衝動的に行動してしまったりするような人たちがよく見られます。また、知的障害を伴う自閉スペクトラム症の人たちの中には感覚刺激や自分の興味・関心の世界にこもってしまい、そもそも他者への意識が向けられず、視線が合わせにくかったり、大人が話しかけても聞いていないような様子を見せたりするようなお子さんも多く見られます。

（3）動作法と発達障害児・者のコミュニケーションとの関係性

　動作法は身体の動きを通して、トレーナーと子どもが様々なコミュニケーションを取りながら行うことを大切にしています。例えば腕を上げるという課題を行う時も「腕を上げようね」と言葉かけをすると同時に腕を触って「ここを上げるんだよ」ということを子どもの身体を通じて伝えていきます。すると、言葉の理解が難しい子どもたちでも「先生は、腕をあげるように言っているんだな」ということを身体を通じて理解して、言われた動きが行えるようになります。そして「身体に働きかけられる―身体の動きで応える」という一連の応答的な活動を行っていくことで、身体の動きを通じて他者とのコミュニケーションを取っていく経験を積み重ねていけることになります。

　このような経験を通じて、動作法以外の場面でも中々視線が合わなかった子が、大人によく視線を向けてくるようになったり、大人が話しかけたことに反応してすぐに振り向くようになったりと、他者を意識した行動ができるようになってくるといわれています。さらに他者への意識が高まっていくことで、自分から他者に関わろうとしたり、伝えたいことを言葉で伝えられるようになったりと、自発的なコミュニケーション行動の増加にもつながっていくことが指摘されているのです。

「発達障害児・者のリラクセーション効果と動作法」

　発達障害児・者は、肩や首など自分でも気づかない内に身体の様々な箇所に慢性的な過度の筋緊張を抱えていることが多いといわれています。動作法を発達障害児・者に実践することで、そのような慢性的な身体の筋緊張を改善していくというようなリラクセーション効果も期待できるといわれています。動作法の生みの親である成瀬悟策先生は「心と身体はつながっている」という言葉を残していらっしゃいます。つまり、心がリラックスすれば身体は楽になるし、逆に身体がリラックスすれば心も楽になっていくというようなつながりがあるということです。発達障害児・者の自分でも気づかないような身体の緊張状態を緩和していくことで気持ちが穏やかになったり、行動が落ち着いてきたりするというのも、このつながりが関係しているからだという理解ができます。つまり、基本的な身体機能については全く課題がない発達障害児・者に動作法を実践することの意義がここにあると言えます。発達障害児・者の身体のリラクセーション効果を高めていくことで、気持ちや行動面にも変化を及ぼすことが期待できるのです。さらに、全身のリラクセーション効果が高まることで「全身がリラックスできたことにより、イライラした時に自分で気持ちを静められるようになりパニックが減った」など問題行動と言われるような行動を減少・改善させることにもつながるということが一部の研究成果として報告されています。

13 最後に

　これまで見てきたように、動作法は発達障害児・者の心身のリラクセーションやコミュニケーション能力の向上などに関して大きな可能性を秘めた支援方法であるといえます。しかし、発達障害児・者の方々が実際に動作法をやりたいと思っても利用できる場所や、動作法を知っている（指導できる）専門家が中々いないなどの問題があります。本書が発達障害児・者の保護者や支援者の方々に動作法という1つの心理療法を知ってもらい、実践していただく契機となれば幸いです。また今後は、発達障害児・者への動作法の考え方（身体の動きを通した発達支援というアプローチ方法）が学校教育や福祉の現場など様々な場面で広がっていくとともに、オンラインなどでも気軽に利用できるような工夫も考えていけるとよいと思われます。

引用・参考文献

今野義孝（1978）多動児の行動変容における腕上げ動作コントロール法の試み―行動変容における弛緩訓練の効果について―．東京教育大学教育学部紀要，24，187-195．
今野義孝（1990）障害児の発達を促す動作法．学苑社．
長田実・宮崎昭・渡邊涼（1999）障害者のための絵でわかる動作法はじめの一歩，福村出版
成瀬悟策（1973）心理リハビリテイション．誠信書房．
大野清志・今野義孝・長田実・星野公夫・宮崎昭・村田茂（1993）動作法ハンドブック基礎編．慶應義塾大学出版．
清水謙二・小田浩伸（2001）自閉症生徒におけるパニックの軽減に及ぼす動作法の効果：学校及び家庭におけるパニックの程度の変化．特殊教育学研究，38（5），1-6．

第 4 章

ムーブメントを
やってみよう

尾関　美和

1 ムーブメント教育って何？

(1) ムーブメント教育の特徴

　米国の神経心理学者　マリアンヌ・フロスティッグ（Marianne Frostig）は、1970年代にムーブメント教育・療法（以下、ムーブメント教育）という教育方法をスタートさせました。フロスティッグ先生は、『フロスティッグのムーブメント教育・療法　理論と実際』の書籍の中で「ムーブメント教育の中心的な目標は、健康と幸福感を高め、感覚－運動の諸技能や自己意識を発達させることである」と述べています。ムーブメント教育の特徴として、「①豊かに生きる力に通ずる『人間発達の基礎つくり』の教育、②感覚運動を軸とした『発達全体を支える』教育、③子どもの自主性、自発性を重視する『人間尊重』の教育、④喜び、満足感に通ずる『健康と幸福感の達成』を目指した教育」（フロスティッグ；小林訳，2007）の4点についても述べられてます。

　ムーブメント教育は、感覚運動によって発達する様々な技能や自己意識を発達させることにより、子どもの健康と幸福感を高めます。子どもが自ら動き、達成感を得たり、やる気や笑顔を生んだりするこの教育は、子ども自身の多くの感覚機能に働きかけ、発達を支援します。

　心理的・情緒的な健康は、子どもの無邪気な喜びや「できた」という感情によって高められます。ムーブメント教育は、楽しみながらできる活動や環境、遊具などを準備しますので、子どもたちは無理なく参加ができ、「もっとやりたい」という意欲をもちます。そして「やったー」という満足感・幸福感を得ます。これらの気持ちが、自然と心理的、情緒的な健康に結びつくのです。

　「動くことは、生命の源であり、発達の力である。それは、からだを育て、あたまを育て、こころを育てる」。フロスティッグによるこの命題が、ムーブメント教育の理念となっています。

　子どもが、ムーブメント教育の機会を最も必要とするのは、幼児期から児童期にかけてであるといわれています。心理的・情緒的な健康とともに、ムーブメント教育理論に沿った運動をすることにより、身体的発達も促し、子どもの発達の全体を支援することができるのです。

（2）日本でのムーブメント教育

　日本では、1980年代に小林芳文先生によって、当時、特別支援教育の新しい流れの支援教育として紹介されました。現在では、多くの地域で、学校現場や保育、療育の現場で取り上げられています。

　小林芳文先生は、フロスティッグのムーブメント教育を、学校現場や保育・療育などでの実践に向けて発展させました。ムーブメント教育を進めるためのMEPA-R、MEPA-ⅡRというアセスメントを考案し、子どもの発達を運動・感覚、言語、社会性の3分野で捉えることができるようにしました。このアセスメントは、保護者をはじめ、教員、療育者など、子どもとかかわっている方が評価できる身近なアセスメントです。そして、この結果は、個別の教育支援計画（IEP）や個別の指導計画の作成に役立てることができます。

　ムーブメント教育・療法は、現在、学校現場では教育課程の一部、自立活動などに位置づけされていたり、療育の場面では積極的に取り組まれたりしています。

　遊びの要素をもっているムーブメント教育は、生活年齢や障害の程度やタイプに関係なく、全ての子どもたちに提供することができ、目の前の子どもに応じて、対応できる非常に柔軟な教育方法で、家族支援のプログラムとしても活用されています。

（3）発達障害とムーブメント教育

　DSM-5（精神疾患の診断・統計マニュアル）によると、神経発達症には、知的発達症、社会的（語用論的）コミュニケーション症、自閉スペクトラム症（以下、ASD）、注意欠如・多動症（以下、ADHD）、限局性学習症（SLD）、発達性強調運動症、チック症群、他の障害が含まれています。それぞれの特性はありますが、同じ障害でも、一人ひとり、できることや困り感は違います。

　これまでの発達障害児への支援では、学習や多動、対人関係をめぐる問題に注目が集まり、他者へ迷惑をかける行動を減らすための対策に力が注がれてきました。しかし、今日では、発達障害児への支援は、学習の場面や集団活動での場面に目を向けるだけでなく、個々の身体運動にも着目する必要があることがわかっ

てきました。

　例えば、SLD 児の動きに不器用さが見られたり、ADHD 児の中には、ドッジボールやサッカーなど、ボール運動時に必要となる目と手、目と足を使った運動に遅れがある子どもがいたりすることです。さらに、ASD 児の中には、感覚の過敏さのため、他者の身体に触れたり、大きな音を聞いたりすることを避ける子どももいます。そのため、集団活動に参加することが難しく、1 人での行動を選択する子どもがいます。

　同じ障害でも、一人ひとりできることや困り感は違います。その一人ひとりに合わせて、目標を設定し、活動を準備して、個別に取り組んだり、集団活動の中で取り組んだりできるのが、ムーブメント教育の利点です。発達障害のある子どもたちにも、ムーブメント教育・療法は多種多様な学びの機会を提供できるのです。

　フロスティッグは、SLD 児を中心に視知覚発達検査やムーブメント教育プログラムにより、支援の手をさしのべてきたことで知られています。

（4）リラクセーションとムーブメント教育

　リラクセーションとは、心の緊張をときほぐすことすこと（広辞苑第 7 版）とあります。そこで、リラクセーションは、大きく 2 つに分かれるのではないかと考えます。

　1 つは、自分自身で取り組むリラクセーション、2 つめは、人とのかかわりの中で生まれるリラクセーションです。ムーブメント教育は、自ら動きたいという活動意欲を支え、誰かとともに活動するという人とのかかわりの中で生まれるリラクセーションとしての要素が大きいと考えます。

　子どもたちの活動中は、「やってみたい」「できた」「もう 1 回」など積極的で、ポジティブな言葉がよく聞かれます。子どもたちは、ムーブメント教育の活動によって成就感を味わい、笑顔が生まれます。活動の後には、「気持ち良かっ

た」「また、やりたい」などの言葉が聞かれます。そして、活動後、子どもたちの行動は落ち着き、穏やかな表情がみられます。気持ちが和らぎ、リラクッスしているのでしょう。

2　ムーブメント教育をはじめよう

（1）ムーブメント教育がめざすもの

　人が育つためには、「からだ」「あたま」「こころ」を十分はたらかせることが必要です。ムーブメントでの活動は、それらを可能にします。「からだ」＝動くこと、「あたま」＝考えること、「こころ」＝感じることの総合的な発達を意図しています。これらの機能を1つずつ取り上げて支援するのではなく、「あたま」「からだ」「こころ」の全てを含んだ活動であることが、ムーブメント教育の特徴です。MEPA-R（ムーブメント教育におけるアセスメント）により得た弱点を目立たせず、強みを活かせる活動が求められています。

　さらに、「動くことを学ぶ」「動きを通して学ぶ」という2つの要素（方向性）をもっています。動くことを学ぶ（Learn to move）とは、運動能力や身体能力を高めること、動きを通して学ぶ（Learn through movement）とは、運動を通して、認知、情緒、社会性など心理的諸機能をたかめることです。

　ムーブメント教育は、運動を活用しますが、訓練や技能優先の教育ではなく、課題の解決や他者とのかかわりを通じて創造性を高め、認知面、運動面、情緒面の自発的な機能の発達を支援するのが特徴です。以下、ムーブメント教育の主な達成課題について触れてみます。

1）身体意識の形成

　フロスティッグが述べるムーブメント教育では、まず、身体意識の形成を目指します。身体意識とは、つぎの3点に分けて捉えられています。

　① 身体像（ボディ・イメージ）

　身体の内部からくる感覚である満腹感や空腹感に気づくことは、健康にとって重要です。自分の身体についての感じ方や感じられるままの身体のことを身体像

といいます。身体像の発達には、「触感覚遊び」などによる身体表面からの受ける刺激と、関節の動きなどからの刺激、例えば、身体がどのように動いているかや、どのように姿勢が変化しているかなどに関係する刺激（固有感覚刺激）、お腹がすいた、お腹が痛いなどの内蔵からの刺激が重要です。

② **身体図式**（ボディ・シェマ）

活動を広げていくとき、人にぶつからないように歩くことや、自分とおもちゃの位置を把握し手を伸ばして取るなど、自分と物との位置や距離を把握する力が必要になります。そのためには身体図式が形成されている必要があります。この力は、抗重力姿勢を確保したり、物体を操作したり、バランス能力にかかわる動きなどの体験を通じて形成されていきます。重症児など、寝たままの状態の子どもたちには、トランポリンなどを活用した活動が推奨されています。

③ **身体概念**（ボディ・コンセプト）

「身体には頭が１つ、手が２本ある」「目は見るところ」「足は歩いたり走ったりするところ」といった、身体の事実や機能についての知識を身体概念といいます。身体部位の認知や他者との身体の比較による活動を体験したり、身体の機能や働きに関する理解を深めたりすることで発達していきます。「左手で右耳を触って」「友だちと右手でハイタッチをしてごらん」などの活動が考えられます。

2）時間・空間意識、その因果関係の意識の形成

全ての出来事は、時間や空間の中で生じ、それらが因果関係をもって知覚されています。これらの意識は抽象的思考の基礎となります。早く歩く、ゆっくり歩くなどの活動では時間を意識しながらの活動となります。トンネルくぐりでは、頭をどれくらい下げるとよいかなど、空間を意識した活動となります。ここに遊具などによる多様な活動ができるムーブメント教育の役割があります。

3）心理的諸機能の向上

心理的諸機能とは、情緒、社会性を含め、言語機能、視覚化の機能（ものを見て、それを記憶する機能）、問題解決能力、概念化、連合の諸機能（見たり、聞いたりして動作すること）のことです。

指示を聞いて動くことによる受容言語能力、動きを表す言葉を発したり人との

かかわりの中から言葉を発したりすることによる表出言語力が発達します。活動を工夫することにより、問題解決能力に関することや概念に関することの発達がみられたり、音楽に合わせた活動による聴覚連合（聞くと同時に行動すること）の諸機能の能力の向上などを助長したりすることができます。

① 知覚（入力）と運動能力（出力）の連合

まず、視知覚と運動が結びつく、視覚－運動の連合（ボール蹴り、ロープまたぎ）、聴覚と運動が結びつく、聴覚－運動の連合（音楽に合わせて動く）があります。

② 2つ以上の感覚器官からの知覚（入力）の連合

また、音楽に合わせてダンスをしたり、リーダーの声に合わせてパラシュートを振ったりする活動のように、視覚・聴覚・筋感覚的な運動があります。

③ 存在する刺激と以前の経験との連合

「昨日、ロープを持って輪になって座りましたね。今日は、ロープを持ったつもりになって同じように座ってみましょう」と言ったように、過去に経験した運動や指示と関連付ける活動もあります。

（2）ムーブメント教育のアセスメントをしてみよう

ムーブメント教育には、MEPA-R（Movement Education Program Assessment-Revised）（小林, 2005）と、MEPA-ⅡR（小林芳文著）というアセスメントがあります。MEPA-R は、0か月～72か月までの発達のアセスメントです。

MEPA-R は、発達の全領域『からだ（運動面）・あたま（認知面）・こころ（社会性面）』にかかわるアセスメントとなっています。

MEPA-ⅡR は、0か月～18か月までの発達のアセスメントで、重度・重複障害の子どもたちが主に活用しています。

1）MEPA-R の構成と内容

MEPA-R は、3分野（運動・感覚、言語、社会性・情緒）、6領域（姿勢、移動、技巧、受容言語、表出言語、社会性・情緒）で構成されています。そして、各分野・領域ことに発達のステージ（年齢）を捉えることができます。

まず、運動・感覚分野には、姿勢（開眼片足立ちができるなど、反射を含む主に

静的なもの）、移動（スキップができるなど、ものを媒介としない主に動的なもの）、技巧（はさみを使って紙を切るなど、ものを媒介とするおもに動的な物）の3領域があります。言語には、受容言語（「ゆっくり歩いておいで」の指示に従えるなど、語い、関係用語、比較用語、指示の理解など）、表出言語（日付や曜日が言えるなど、語い、関係用語、比較用語の表出など）の2領域があります。社会性には、ルールのある遊びを理解して遊べるなど、主に対人的な反応や対人関係の内容が含まれています。

各分野・領域の発達のステージ（段階）は、
①第1ステージが0か月から6か月
②第2ステージが7か月〜12か月
③第3ステージが13か月から18か月
④第4ステージが19か月から36か月
⑤第5ステージが37か月から48か月
⑥第6ステージが49か月から60か月
⑦第7ステージが61か月から72か月
と、7つに分かれています（小林, 2005）。アセスメントを行うことにより、子どもの発達が、何か月から何か月の段階であるかを知ることができます。

2）MEPA-R 評定

① アセスメントの方法

　このアセスメントは、保護者や保育者、教員など、子どものことをよく知る方なら誰でも評定することができます。

　内容の評定には、小林（2005）の『MEPA-R ムーブメント教育・療法プログラムアセスメント　手引き』（以下、手引きとする）を参考にします。

　暦年齢に相当するステージから始め、そのステージの全項目を評定します。発達に遅れのある子どもや72か月をこえる子どもの場合は、達成可能な項目が多いと考えられるステージから評定します。（＋）が多ければ、上のステージへ進み、（−）が多ければ、下のステージも評定します。原則として、重点的に評定するステージとその上下のステージをあわせて3ステージを評定します。

○評定の基準

反応や行動が明らかに観察できる場合は（＋）

反応や行動が見られない場合は（－）

反応や行動ができそうな場合、少し見られる場合は（±）　と記入します。

　○特記すべき事項（支援の上で参考になること）

　評定項目の下段にある「特記事項欄」に記載します。

3）MEPA-R プロフィール表を作成しよう

　それぞれの項目のチェックが終わると、その結果を「MEPA-R プロフィール表」に転記します。（＋）は■、（－）は□、（±）は◣で記入します。

　障害の特性によって、数種類のプロフィール表のパターンがみられます。知的障害児のプロフィール表は、全体的に、生活年齢より低いステージに■が記入されます。多くの場合、運動・感覚、言語、社会性のすべての分野で、ほぼ同じステージ（発達段階）まで■が記入されます。肢体不自由児は、運動・感覚分野のステージが低く、言語、社会性分野のステージが高くなる傾向があります。ASD 児は、運動・感覚分野のステージが高く、言語、社会性の分野のステージが低くなる傾向があります。LD や ADHD 児など発達障害児は、それぞれの分野で大きな差が出ないこともあります。これらの MEPA-R プロフィール表から支援の方向性、つまりプログラム作成の指針を考えていきます。子どもの得意なことや好きなこと、強みを確認し、それらを生かしながら弱い面や未発達な部分を支援する活動を考えます。

（4）MEPA-R を活用し、目標を立てよう

　MEPA-R の結果から、活動の目標を立ててみましょう。例えば、運動・感覚分野の姿勢の領域（Posture）には、「同じ姿勢がとれる」という項目があります。「右手を上に上げ、左手を横に伸ばす」が（＋）、「右手で左耳をさわる」が（－）の場合、「まねっこしよう」のプログラムが考えられます。自分の目で確かめることができるように、右手で左足をタッチ、左手で右足をタッチの動きを取り入れます。このように、身体の正中線を交差する姿勢の模倣を課題にするとよいでしょう。そして、支援者は、子どもの隣でポーズを行ったり、対面の場合

は、子どもが右手を上げたときは、支援者は左手を上げるなどして、子どもが自分自身の身体の左右を正しく覚えることができるように支援してください。

　また、支援者は次のことに注意して、支援プログラムを計画してください。PDCA サイクルの支援も可能となります。

①子どもの「できない」部分ではなく、「できる」部分に目を向けるようにします。

②芽生え反応を見逃さず、次の指導課題として捉えます。

③評定項目の下にある特記欄に具体的な様子などを記入し、次回の評定の参考にします。

④子どもの表情や笑顔、強い部分を生かした支援プログラムを検討します。

⑤ムーブメント教育は、運動的「遊び」を原点としていますので、重要なポイントは、参加者が自主的に取り組み「楽しい」と感じているかという点です。

⑥他者から命令させたり干渉されたりすることなく、自ら意思決定して行動する場面を設けます

⑦アプローチの基本は、「～させる」のではなく「～したい」を引き出すことです。

そのために、以下を大切にしてください。

・各々が自発的に動き自主的に活動に参加できるための工夫
・「やりたい」と思ったときにいつでも参加できるような柔軟な環境と適切な働きかけ

3 ムーブメント教育の実践例

（1）支援者と一緒に行うムーブメント教育・療法

1）紙コップを高く積んでみよう

☆ねらい

集中力を高める、静的・動的バランス、身体意識、身体模倣、構成力、視知覚、数的概念など

☆方法

①紙コップを積み重ねていく。

②タワーが崩れたら終わりではなく、積み重ねる段を低くするなどして、子どもが成功体験を得られるように配慮する。

積み重ね方を
工夫してみましょう。

2）紙コップを使った色々な活動

☆ねらい

手指操作、集中力を高める、教科と関連

☆方法

①数字が書かれた紙コップを、数の順に積んでいく。

②色つきの紙コップを積み、カラフルタワーを作る。

数字の順番で、カップを積みましょう。

紙コップに色紙を貼ります。
指示された色のコップを積みましょう。
色を英語で伝えるのもおもしろいですね。

紙コップに食物連鎖のイラストを貼ります。食物連鎖について考えながら、積みましょう。

\ そ～れ～ /

コロコロ～

タワーを倒しましょう。板を使ってボールを転がすことで、ボールの転がる方向や「3、2、1、スタート」のかけ声で、転がす時のタイミングを促すこともできます。

3）〇（まる）△（さんかく）□（しかく）を作ってみよう

☆ねらい

ロープを操作して形を作ることで、それぞれの形の特徴を知る。

☆方法

ロープを曲げたり、重ねたりして形を作る

①ロープを床に置く。

②指示された形を支援者と一緒に作る。

③1人で形を作ることができるように、支援を減らしていく。

4) 動物の形を作ってみよう

☆**ねらい**

複数のロープを使用して形を作ることで、数的概念や空間認知を高める。

☆**方法**

ロープを曲げたり、重ねたりして形を作る。

①動物の線画を用意する。

②はじめは、線画とお手本を見て、支援者と一緒に作る。

③1人で形を作ることができるように、支援を減らしていく。

5) 雪だるまを作ろう

☆**ねらい**

手指の巧緻性、身体意識、身体模倣、視知覚、手指操作、聴覚連合、時間の概念、物の操作性、空間認知、想像力

☆**方法**

①新聞紙、大、小のビニール袋（白）、雪だるまのパーツ（目、鼻、口、手など）を準備する。

②「雪がたくさん降ってきたよ」

・新聞紙を小さくちぎる。

・新聞紙を雪に見立てて、上に高くあげる。

・頭や、足、靴の上などに新聞紙の雪を降らせる。

「○○さんの足の上にも降ってきた」とボディイメージをもつことができるように言葉をかける。

③「雪だるまを作ろう」

・ちぎった新聞紙を、大きさの違うビニール袋に入れ、雪だるまの頭と身体を作る。

・2つのビニール袋を組み合わせ、目、鼻、口などのパーツを貼り付けて、雪だるまを完成させる。

6）新聞紙を使った活動

☆ねらい

手指の巧緻性を高める活動

教科と関連した活動

・数える ・大きさや太さの弁別 ・輪投げ

・輪をつなげて形を作る（雪だるま、青虫）

☆**方法**

新聞紙で輪っかを作る

☆**工夫点**

子どもの手の大きさによって、輪っかの太さを変える。握りやすい太さ、持ちやすい大きさで作る。

そのほかにも色々と工夫することができます。

新聞紙を細長く丸めて、棒を作りましょう。空き箱に入れてみましょう。

輪っかをつなげて、ケンケンパで進んでみましょう。

新聞紙を細長く丸めて、棒を作りましょう。穴をねらって、投げてみましょう。

（2）友だちと一緒に行うムーブメント教育

1）カラースカーフをふってみよう

☆ねらい

　心地よい感覚を感じる、動きのタイミングを合わせる

☆方法

　2人で一緒にカラースカーフを上下に振る。

☆工夫点

　タイミングを合わせやすいように、2人で「うえ」「した」と言いながら、
上下に振る。

2）「カラースカーフ＋風船」の家で楽しく昼寝

☆ねらい

　心地よい感覚を感じる、動きのタイミングを合わせる

☆方法

　カラースカーフを降る人と、スカーフの下で寝る人に分かれる。

　①カラースカーフの上に風船を入れる。

　②2人で、風船が落ちないようにカラースカーフを上下に振る。

☆工夫点

　風船がカラースカーフの上から落ちそうになるときは、少し水を入れた風船
に変更する。

　カラースカーフの持ち方を工夫して、落ちないように上下に振る。

　カラースカーフを振るスピードを変えて、風船の動きの違いを知る。

3）走行ムーブメント

☆ねらい

身体意識、身体模倣、視知覚、聴覚連合、力の調整力、バランス、空間認知、想像力、協調性、動作模倣

☆方法

①リーダーの指示や音楽の早さに合わせて、歩いたり走ったりする。

②動物カードをみて自分で動きを考えたり、友だちの動きを模倣したりして、動物の動きをする。

4）パラシュートを振ってみよう

☆ねらい

身体意識、身体模倣、視知覚、聴覚連合、力の調整力、空間認知、想像力、協調性

☆方法

①リーダーの指示を聞いて、大きく振ったり、小さく振ったりする。

②「右」「左」の合図に合わせて、パラシュートを持ったまま右に歩いたり、左に歩いたりする。

③ボールをのせ、ボールを落とさないように、パラシュートを振る。

☆工夫点

・楽しい曲に合わせてパラシュートを振る。

・大きな波のようになめらかな動きになるように、パラシュートを振る力を調整する。

・仲間でタイミングを合わせてパラシュートの上のボールを上下に動かす。

5）パラシュートでドームを作ろう

☆ねらい

視知覚、聴覚連合、力の調整力、空間認知、協調性

☆**方法**

①リーダーの号令に合わせてパラシュートを床まで下げ、パラシュートの端を押さえて、ドームを作る。

②「3、2、1…」とカウントし、「ゼロ」の合図でパラシュートを上に持ち上げる。

③リーダーの号令に合わせて、全員でパラシュートを下げながら中に入り、内側でパラシュートの端を手やおしりで押さえて、ドームを作る。

④みんなで「3、2、1…」とカウントし、「ゼロ」の合図で、外にでる。

6）パラシュートを飛ばそう

☆**ねらい**

視知覚、聴覚連合、力の調整力、空間認知、協調性

☆**方法**

①リーダーの号令に合わせて、パラシュートを上下に動かす。

②リーダーの号令に合わせて、全員でパラシュートを上に上げたときに手を離す。

7）宝島へ行こう

☆**ねらい**

集団での力の育成、身体意識、協応性、空間認知、コミュニケーション力、社会性

☆**方法**

友だちと一緒にカラーロープやビーンズバックの障害物をこえて、宝の箱を取ってくる。

①折り返し地点に、大きさの違う宝の箱を複数置いておく。

②カラーロープを床に置いたり、ビーンズバックを床にばらまいたりする。

③友だちと手をつないで、ビーンズバックを踏まないように進む。

④友だちと手をつないだまま、タイミングを合わせて、カラーロープをまたぐ。

⑤友だちと相談して、宝の箱を選び、スタート地点に戻ってくる。

☆工夫点

子どもが活動にチャレンジする気持ちをもてるようカラーロープやビーンズ
バックの置く位置を工夫する。

引用・参考文献

American Psychiatric Association, 日本精神神経学会（監修）, 高橋三郎・大野 裕（監訳）,
染矢俊幸・神庭重信・尾崎紀夫・三村將・村井俊哉（訳）(2014) DSM-5® 精神疾患の診
断・統計マニュアル. 医学書院.

フロスティッグ, M., 小林芳文訳 (2007) フロスティッグのムーブメント教育・療法　理
論と実際. 日本文化科学社.

小林芳文 (2005a) MEPA-R ムーブメント教育・療法プログラムアセスメント. 日本文化科
学社.

小林芳文 (2005b) MEPA-R ムーブメント教育・療法プログラムアセスメント　手引き. 日
本文化科学社.

小林芳文・大橋さつき・飯村敦子（編著）(2014) 発達障害児の育成・支援とムーブメント
教育. 大修館書店.

小林芳文・是枝喜代治他（編著）(2021) 運動・遊び・学びを育てるムーブメント教育プロ
グラム 100. 大修館書店.

第 5 章

フィンランドの
教育施設から学ぶ
リラクセーションを促す
環境設定

中村　友香

1　フィンランドの教育

（1）フィンランドってどんな国？

　フィンランドといえば、北欧の国、幸福度が高い国、学力が高い国、というイメージをもっている方が多いのではないでしょうか。

　フィンランドは国土面積が33.8万平方キロメートルと日本よりやや小さく、人口が約550万人（兵庫県の人口と同じくらいです）の小さな国です。森や湖などの自然が豊かで、人口密度も低いため、ゆったりとした時間が流れています。ご存じの方も多いと思いますが、世界幸福度ランキングでは2018年から5年連続で1位を獲得し続けています。また、経済協力開発機構（OECD）が実施している国際学習到達度調査（PISA）では参加国の中で唯一、読解力と生活満足度の両方が高い国となりました。

　2018年度の調査では、学力調査とともに、生徒の健康や生活満足度、学習環境についても焦点が当てられました。その結果、フィンランドの生徒個人の生活に関する満足度がかなり高いことがわかったのです。生活満足度は読解力と比例しており、これはフィンランドにのみ見られる特徴でした。フィンランドでは未来を担う子ども世代も大人と同様に幸福度の高い充実した日常生活を送っていることが裏付けられたのです。他国・他地域では、成績が高くても生活満足度が低く、生活満足度が高かった国の大半は成績が低いという結果でした。

　この章では、学力と生活満足度の両方を高水準で維持し続けているフィンランドについて、特に教育の観点から詳しくご紹介します。

（2）フィンランドの教育

1）高い学力の理由

　フィンランドの子どもたちの学力が高いのは、日本のように学校から大量の宿題を出されたり、塾や家庭教師を利用したりしているからでしょうか。ところがフィンランドの学校には宿題がほとんどありません。また、塾を利用している子どももいません。ホームスクーリングを利用している子どもはいますが、学校が終わってから家庭教師と家で勉強している子どもはいないと思います。つまり、

フィンランドの子どもたちは学校教育だけで、高い学力を身に着けているということになります。

　フィンランドの学力の特徴の１つに、学力の上下差が小さいことがあげられます。学校教育では、支援が必要な子どもたちに対してボトムアップ的に段階を踏みながらサポートをします。また、障害の早期発見にも力を入れており、困難さを抱えている子どもを少しでも早く支援することが、全体的な学力の向上につながっていると言われています。また、社会全体で子どもたちを支えようとしており、学校だけ、家庭だけ、専門機関だけ、ではなくそれぞれが相互に連携しながら抜け目のない継続的な支援ができるようになっています。

2）インクルーシブ教育

　フィンランドにおける教育理念の１つにインクルージョンの考え方があります。この考え方のもと、フィンランドでは地域の学校に通うことを大切にしています。そのため、特別支援学校に通う子どもの数は減少し、地域の学校に通う子どもが増えています。特別支援学校は地域のセンター的機能を果たし、学校や先生に学習などのアドバイスをしています。国内には６校あり、それぞれ専門とする障害に特化した教育施設となっています。地域の学校には、日本と同じように通常の学級と特別支援学級があります。また、アシスタントと呼ばれる補助スタッフも配置されています。

　フィンランドの教育政策として、「教育は人間の基本的な権利であり、全ての人に提供されなければならない」という理念があります。そのため、支援は全ての子どもに対して行うもの、という認識があり、特別支援学校や特別支援学級だけでなく、地域の学校や通常の学級でも子どもたちにとって十分な環境整備がなされています。子どもたちにも支援を受けることは当然の権利、という認識がきちんとあります。そのため、特別支援学級で授業を受けたりアシスタントと別の活動をしたりすることを、からかったり後ろめたく感じたりする子どもはいません。どの子どもも楽しそうに学校に通い、互いに助け合いながら自分のペースで学びを深めています。

　フィンランドの教育の考え方には、子どもたちがその子らしくのびのびと学習・生活するためのヒントがたくさんあります。

次節では、環境設定の面から日本でも取り入れられそうなポイントをいくつか紹介します。

2　自分の時間を大切にする

学校は集団活動の場でもありますが、自分のペースでゆったりと過ごす時間も大切です。フィンランドの学校には教室の他に、自由に使うことができるスペースがたくさんあります。自分1人でまったりするもよし、仲の良い友だちと遊ぶもよし、と子どもたちは思い思いの時間を過ごします。

休み時間を自分の好きなスタイルで過ごすことは、とてもよいリフレッシュになります。1人が好きな子ども、友だちとわいわいするのが好きな子ども、様々な子どもたちのニーズに合わせた環境が整えられています。

教室や部屋を区切ってスペースを作って好きなものを配置し、自分だけの落ち着ける空間を作ってみるとよいでしょう。

（1）プレイルーム

大きなクッションがたくさん置いてあります。好きなところに座って本を読んだり、マットの上に寝転んだり、自由に使うことができます。

また、授業で少し疲れてしまった子どもが、アシスタントの先生と休憩することもあります。

フィンランドではペアワークやグループ活動などをここでする子どもたちも多いです。もちろん教室で椅子に座っている子どもたちもたくさんいますが、クッションにもたれて課題を進める子どももいます。日本だと、「きちんと椅子に座ってやりなさい」と言われそうですが、フィンランドでは自由です。おしゃべりばかりで課題が終わらなければ怒られるかもしれませんが、きちんとやらなければならないことをしていれば、誰も文句を言いません。その時、自分が一番したいことをしてもよい、することができる環境が整っているのです。学習の場、リラックスの場、ときっちり分けてもよいし、その時の気分で、「今日はこっちで勉強しようかな」などと柔軟に環境を変えられるとよいですね。

> ここでは休み時間に遊んだり、授業中にペアワークをしたりすることができます。

> 自由に腰かけて使うことができます。

（2）PCルーム

　日本では学校のPC教室というと普段は鍵がかかっていて、授業の時だけ入ることができることが多いのではないでしょうか。今は1人1台タブレットが支給されていることもありますが、必要な時以外は使えないところがほとんどだと思います。

　フィンランドでは休み時間でも自由にパソコンを使うことができます。インターネットに接続して好きな動画を見ることもできます（危険なサイトなどは制限がかけられています）。自分の好きな動画を見ることも子どもたちにとってはよいリフレッシュになるのではないでしょうか。

　リラクセーションの一環としてインターネットなどのデジタル環境をうまく活用していきたいですね。

> 休み時間に自由に動画を見ることができます。

PCルームです。ここで授業が
行われたりもします。

（3）共有スペース

　学校の廊下などには複数人で使うことができるような共有スペースがあります。仕切りのないオープンスペースに椅子と机を置いただけの場所から、2人でぎゅうぎゅうになってしまう個室のようなスペースもあります。クッションやテーブルが置いてあり、好きに移動してお気に入りの空間を作り上げることができます。

　子どもの特性に合わせて、いつものクッションやおもちゃをおいて安心できる空間をつくったり、その日の気分に合わせて気軽に、自由に変えることができる空間を確保したりと、その子がリラックスできる場所をつくり上げていけるとよいでしょう。その空間をつくり上げる過程も子どもたちにとっては、大切なリラックスタイムになると思います。

学校の廊下には気軽に腰かけ
て、友だちと談笑できるスペー
スがあります。

ソファーも円形に配置されており、大人数でもコミュニケーションがとりやすくなっています。

ソファー（ブロック）を自由に組み合わせて使うことができるようになっています。

個室のように区切られたスペースもあります。これらも自由に使うことができます。

個室の中です。ソファーやクッションは自由に動かすことができます。
窓から外の様子を見ることもでき、完全に閉鎖されていないため、程よ
く自分だけの空間を得ることができます。

3 身体を動かす

　フィンランドの学校では休み時間や放課後に校庭で元気よく遊んでいる子ども
たちをよく見かけます。また、森の中で遊んだり小さな丘を登ったりと自然豊か
な風土を生かして身体を動かしている様子もよく見かけます。日本でも、好きな
スポーツをしたりして身体を動かすことをリラクセーションの手段にしている方
は多いのではないでしょうか。ここでは、特別支援学校にある施設を紹介しま
す。放課後や休日の過ごし方の参考にしてみてください。

（1）プール・ジム

　水中では抵抗なく身体を動かせるということで、日本の特別支援学校でも積極
的に取り入れられているプールはフィンランドにももちろんあります。室内の温
水プールで、場所によって深さが異なり多様な使い方ができます。また、座った
まま水の中に入れるような昇降機付きの椅子も置いてあります。

何も考えずに浮かんだり、水の抵抗を感じながらゆったり泳いだり、水中ウォーキングをしたりといろいろな使い方ができるプールはとても良いリラクセーション環境なのではないでしょうか。

プールの写真です。屋内にあるため、一年中天候を問わずに使うことができます。

身体の不自由な子どもでも利用できるように、昇降機付きの椅子が用意されています。

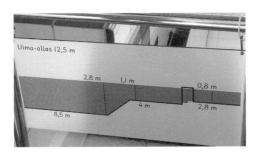

いろいろな水深の場所があるので、用途に応じて様々な使い方ができます。

特別支援学校にはジムもあります。自由に利用でき、好きなマシンを使ってトレーニングすることができます。フィンランドではマンションにもジムが併設されているところも多く、仕事終わりの人たちが一汗かいていることが多いです。適度な運動はよいリラックス効果をもたらすようです。

　ここで注目したいのが、すべてのマシンに使い方ガイドがあるということです。使い方がイラスト付きで紹介されているだけでなく、どこの部位を鍛えることができるのか一目でわかるようになっています。これがあれば誰でも自由に使うことができます。

ジムの写真です。
いろいろな機械がそろっています。

（3）サウナ

　そしてフィンランドといえばサウナも有名ですよね。最近日本でも「ととのう」と話題になっているサウナですが、フィンランド発祥といわれています。特別支援学校にも小さいですが、サウナが設置されていました。リラックスすることを目的としている点は同じですが、サウナでの過ごし方は日本と異なる点がた

くさんあります。フィンランド流のサウナには、よりよいリラクセーションのためのヒントがいくつもあります。

　日本のサウナといえば、サウナで汗を出し、水風呂に入った後、外気浴をするのが一般的な流れです。そしてサウナの壁にかかっている時計を見ながら一定の時間でこれらを繰り返し、ととのったら終了、という形が多いかと思います。サウナにはテレビが設置されているところもありますね。また、最近では時間が来ると自動的にサウナストーンに水が掛けられるロウリュシステムが導入されていたり、その蒸気を扇いで熱波を送ってくれるスタッフがいたりする施設もあると聞きました。案内を見たり何度か通って自分なりに見つけたりした一連の流れをルーティンとして、サウナを利用している人も多いようです。

　フィンランド人はどのようにサウナを利用しているのでしょうか。フィンランドのサウナは低温多湿のため、長時間じっくり利用することができます。熱したサウナストーンに水をかけてスチームを出すロウリュで湿度を上げ、白樺の若葉の枝を束ねたヴィヒタで森林浴のような効果を得るのがフィンランド流です。ヴィヒタで身体をたたいて血流をよくする場合もたまにありますが、たいていはサウナにおいて香りでリラックス効果を得るようです。フィンランドでは自然な蒸気の流れを大切にします。時間は決めず、その日の体調や気分に合わせてリラックスするため、時計はありません。テレビもなく、薄暗い空間でゆったり自分と向き合います。程よく汗をかいて身体を温め、湖に入ったり外気に触れたりしてクールダウンします。

　フィンランドでは、「ととのう」ためではなく、リラックスや社交活動の場としてサウナは利用されています。そのため休憩スペースにはロッキングチェアや薪ストーブが置いてあり、水分補給をしながら語り合うフィンランド人の姿があります。サウナにいる時間、水風呂（フィンランドでは湖に入ります）に入るかどうか、何回行き来するのかなど、全て自由です。自分の心身の状態に合わせてリラックスできる環境が整えられています。日本でサウナを利用する機会があれば参考にしてみてください。

〇学校にあるサウナ

学校内にあるサウナです。少人
数用ですが、木のぬくもりを感
じられる設計になっています。

〇街で見かけたサウナ

サウナから直接湖に出ることが
できるようになっています。
椅子に座ったり、湖に入った
り、思い思いの方法でクールダ
ウンします。

暖炉があるサウナもあります。
冬場など、外に長時間いるのが
つらいときは、暖炉の周りに集
まっておしゃべりをしている人
が多いです。
ドリンクも置いてあるので水分
補給もできます。

　このほかにも、予約をして利用するプライベートサウナもあります。家族や大
切な人と、森林の中でゆったりとした時間を過ごすことができます。

4 好きなことをする

　自分の好きなことをすることは、子どもたちにとって最大のリラクセーションではないでしょうか。気分も良くなり、嫌なこともその時だけは忘れられます。ここでは、特別支援学校にあった遊びスペースと、地域の小学校にあった音楽室を紹介します。

（1）遊びスペース

　学校の一角に写真のような遊びスペースがありました。日本では、入場料を支払って利用するような空間ですね。ここでは、登る・つかむ・滑る・隠れる・飛ぶなど様々な動きが可能となっています。そこに置かれているものを自由に使って、自分の好きな動きをすることができます。屋内にあるので、天気に左右されずいつでも遊ぶことができます。

　フィンランドの教育施設のどの先生も「遊ぶことが大事」と口をそろえて言います。遊ぶこと＝学びであり、よく遊ぶ子どもはよく学ぶそうです。喜びを感じながら学んだことは深く定着し、その後の学習に生かされていくとのことでした。

　遊びにはリラックス効果だけでなく、学習の面からも良い影響があるといえそうです。普段の遊びの中にも小さな学びが隠れているかもしれません。だからといってその学びを強要するのではなく、子どもが興味を示したらその手助けをするくらいの気持ちで一緒に遊べるとよいですね。

室内の一角に写真のようなスペースがあります。滑り台やボルダリング、トランポリンなど様々な遊びができるようになっています。

（2）音楽室

　日本にも音楽室があって、楽器が収納されています。しかし、休み時間は鍵がかかっているか、先生がいる時しか使用できないようになっているところが多いのではないでしょうか。使うためには先生にお願いをして鍵を開けてもらって……、となかなか気軽に使うにはハードルが高いと思います。

　フィンランドのある小学校の音楽室には写真のように本格的な楽器がおいてあります。子どもたちは自由に演奏することができます。休み時間にのぞくと、子どもたちがそれぞれ好きな楽器を演奏していました。曲になっていなくても気にせず、自分の弾きたいように演奏を楽しんでいたのが印象的でした。また、演奏せずに友だちが弾く姿をじっと見つめている子どももいました。そして休み時間が終わるときれいに元通りの場所に戻し、教室へ戻っていくのでした。

　音楽を聴くことをリラクセーション手段として利用している人は多いと思いますが、同じくらい音楽を演奏することにもリラックス効果があると考えられます。音楽を通してありのままの今の自分を表現することで開放感が得られ、心地よい感覚に身が包み込まれるでしょう。学校の中に気軽に音楽に触れることができる環境があることは、子どもたちにとってとても有意義なことだと思います。

音楽室です。
ギターなど、本格的な楽器もそろっています。

5 フィンランドでの取り組みから考える 環境設定のためのポイント

　ここまで紹介したフィンランドの教育施設における環境設定から、日本で取り組む際に意識したい点を詳しく説明します。この2点は全ての子どもたちのより良い成長にとって重要だと考えています。

(1) 自分の行動に責任をもつ

　ここまで実際の取り組みをいくつか紹介しましたが、自由度が高いな、という印象を抱いた方が多いのではないでしょうか。確かに日本の学校では制限されたり禁止されたりしている行動がフィンランドでは日常的に行われています。学校で先生が、よほど危険な場合を除き、何かを禁止している場面はあまり見かけません。

　しかし、フィンランドの子どもたちは好き勝手に行動しているわけではありません。今どうすることが自分にとって一番よいのか、そしてその行動はしてもよいか、すべきでないならどんな代替手段があるのか、などを考えた上で選択し、行動に移しているのです。先生や大人からこうしなさい、これはしてはいけません、と指示されるのではなく、自分で考え、その行動に自分で責任をもつことを大切にしています。プレイルームで寝そべりながらペアワークをするのはそれが一番取り組みやすい形だと自分たちで判断したからで、休み時間にパソコンで動画を見るのはその時自分がしたいリラックス方法が動画視聴だったからなのです。そのため、ペアワーク中に関係ない話をしたり遊びだしたり、休み時間が終わってもパソコンの前から離れない、といったことは一切ありません。

　フィンランドでは、自分で考え、自分の行動に責任をもって動くことを大切にしています。

　湖のそばにはこんな看板が立てられています。何と書いてあると思いますか？
日本であれば、立ち入り禁止、などと書かれていることが多いと思います。

　この看板には「轍の氷が割れる可能性を考慮して、自己責任で移動してくださ
い」と書いてあります。凍っている湖に入ってスケートをするのも、入らずに外
から眺めるだけにするのもあなたの自己責任で、という意味です。

　社会だけでなく、学校も同様の考えがされています。今までご紹介した例以外
にも、様々な場面で子どもたちに選択の機会を与えています。特別支援学級に在
籍していて、なかなか自己主張が難しい子どもに対して、今やりたい活動を指さ
しで選択できるようにしています。自分のするべき活動を自分で選んだ子どもは
自発的に取り組むことができます。

　規制するのでなく幅広い選択肢の中から選べるようにすることで、より自分に
合ったリラクセーション方法を選択することができるようになります。失敗した
り思った通りの結果にならなかったりすることもたくさんありますが、それも次
につながる必要な経験です。選択した内容を責めるのではなく、自分で決めたこ
と、それを行動に移したことを尊重した上で、なぜそうなったのかを一緒に考
え、どうすればよかったのか必要に応じてアドバイスして支えることが周りの大
人の役割です。ちょっとしたことからでもよいので、自分で決められる場を設け
てその結果を一緒にフィードバックしてみてください。

（2）空間的な支援

　フィンランドの教育施設を見学して感じるのは、人的な支援だけでなく建物の空間的な支援が充実しているということです。鯵坂（2020）によると、空間的な支援とは「色彩・素材の変化や音によるサイン等」のことを指します。これらはインクルーシブデザインの視点から障害のある子どもたちだけでなく、全ての子どもたちが使いやすいようになっています。必要な支援の有無やその性質に関係なく、全員がその施設を使えるように、というのがインクルーシブデザインの考え方です。そのため、ある特別支援学校（視覚障害を専門としています）では建設前の計画段階から、施設のスタッフや障害のある子どもたちが関与し、その意見の多くが反映されました。計画段階で終わらず、設計の段階でも積極的に介入し、理想とする環境を共につくり上げていったのです。その成果は建物の随所に見られました。

　各エリアとそれをつなぐ廊下には子どもたちが転倒しないように障害物が取り払われています。また、廊下の交差部には点字ブロックが敷かれているだけでなく、天井に照明がつけられており、弱視の子どもでも交差部に差し掛かったことがわかりやすい仕組みになっています。そして、スピーカーも設置されていて、人を感知するとそのエリアと対応する音楽が流れるようになっており、聴覚的な情報からも場所の情報を得ることができるようになっています。

　廊下の壁面には左右でコントラストの違う素材や色彩の変化がつけられていたり、案内板の触り心地がエリアによって異なっていたりと、触覚に訴えかける工夫もなされています。

特別支援学校の廊下です。
真ん中に明るい色のラインが
入っているので、それをガイド
に進むことができます。

廊下の側面には、様々な素材で
できたものがあり、触り心地の
違いから、子どもたちの触覚を
刺激します。

　また、特別支援学校だけでなく大学や他の施設でも、各エリアやその設備を目
的に応じて使用できるようにして、幅広い学習に適している空間をつくり上げて
います。よく見られるのが、建物の中心に配置されていることが多いレストラン
です。ここには座ることのできる階段があるため、ミーティングや発表の場とし
ても使うことができます。大学や図書館などにも見られ、思い思いの場所に座っ
て課題をしたり本を読んだり、友だちと世間話をしたり、と多様な使い方がされ
ています。ここは、複数人で共同して作業する時のオープンスペースとして利用
されます。

両端は階段として使用し、真ん
中の部分に腰かけて勉強をした
り、プレゼンテーションの場に
使ったりと多様な使い方をする
ことができます。

　一方で、一人で静かに作業するためのスペース、区切られていて集中して作業
ができるスペースなども用意されていて、これらの空間が多様な学習活動やリラ
クセーション活動の場となっているのです。
　今すぐ新しいスペースを確保することは難しいですが、既存の空間を別の使い
方ができないか考えてみたり、新たなスペースを作る際に空間的な支援という点
から構成を組み立ててみたりするとより充実した活動ができるようになるかもし
れません。

引用・参考文献

鯵坂誠之（2020）フィンランドの子どもの医療・福祉・教育から学ぶ　第5回　フィンランドにおける障害のある子どもたちへの空間的支援．チャイルドヘルス，Vol.23，No.7，pp.43-46.

Finland Abroad，フィンランド大使館（https://finlandabroad.fi/web/jpn/ja-frontpage）2022年2月21日閲覧

Key Features of OECD Programme for International Student Assessment 2018 (PISA2018) National Institute for Educational Policy Research, Ministry of Education, Culture, Sports, Science and Technology, December 3, 2019

World Happiness Report 2022, World Happiness Report（https://worldhappiness.report/）2022年2月21日閲覧

第 6 章

学校園や家庭での
リラクセーションに向けた
多感覚の活用

英国の学校園での多感覚を生かした
教育活動を参考に

高橋　眞琴

1 はじめに

　英国は、1980年代から「特別な教育的ニーズ」という概念が教育に取り入れられてきた国であり、発達障害のあるお子さんをはじめとして、特別な教育的ニーズを要するお子さん、様々な国籍のお子さんも学校園に在籍しています。そのため、学校園では、通常の学校園で、それぞれのお子さんの特性に応じた様々な教育活動が行われています。そのため、一見、どのお子さんに特別な教育的ニーズがあるかわからず、先生から説明を受けて、はじめてわかるといった状況があります。この状況を考えると、多様なお子さんがインクルーシブな環境の中で学習しているということが理解できると思います。インクルーシブというのは、「包含する」「包摂する」といった意味があり、全ての子どもたちが包み込まれるように、生き生きとクラスで学校生活を送ることという願いが込められているのだと思います。

　この「特別な教育的ニーズ」という考え方は、日本の特別支援教育の理念に見るように、大きな影響を与えていると考えられます。第1章でも言及されていますが、日本の特別支援学校や特別支援学級、通級による指導の在籍者数は、年々右肩上がりに増加しています。これらの傾向については、特別支援教育の理念が一般に浸透してきたことや特別支援学校や特別支援学級、通級による指導によって、発達障害のあるお子さんの行動面や情緒面で専門的な教育的支援が受けられるということを検討した結果であるとも推察されます。

　そこで、本章では、発達障害のあるお子さんの保護者の皆様も本書を手に取っていただいていることも考えられることや、学校の先生方も本書を手に取っていただいていると思いますので、英国の学校園で行われている多感覚を生かした教育内容や環境設定を参考にして、日本の文部科学省（2018）特別支援学校教育要領・学習指導要領解説自立活動編（幼稚部・小学部・中学部）に示される発達障害の分野の内容と関連付けながら、日本の学校園や家庭でも実践が可能な内容を特に、リラクセーションや心理的な安定、コミュニケーションの観点で、提案していきたいと思います。個別の教育支援計画や個別の指導計画の作成時にご活用いただければと思います。

　併せて、実際に、日本の学校園でも実践を行った際に、子どもたちから「リ

ラックスした」「楽しかった」という意見があった環境設定についても紹介して
いきます。

2 自立活動の視点に基づいた発達障害のある お子さんのリラクセーションを促す支援
英国の学校園での多感覚を生かした教育活動を参考に

（1）発達障害のあるお子さんと自立活動の視点

　この節では、文部科学省（2018）特別支援学校教育要領・学習指導要領解説自
立活動編（幼稚部・小学部・中学部）〔以下、文部科学省（2018）〕で、示唆されて
いる発達障害に関連した自立活動について、触れていきます。
　自立活動という教育活動には、「障害による学習上又は生活上の困難を改善・
克服するために、幼児児童生徒が、困難な状況を認識し、困難を改善・克服する
ために必要となる知識、技能、態度及び習慣を身に付けるとともに、自己が活動
しやすいように主体的に環境や状況を整える態度を養うことが大切であるという
視点」（文部科学省 2018, p.16）が含まれていること述べられています。
　また、文部科学省（2018, p.23）では、「小学校又は中学校等の通常の学級に
在籍している児童生徒の中には、通級による指導の対象とはならないが、障害に
よる学習上又は生活上の困難の改善・克服を目的とした指導が必要となる者がい
る。」「学習活動を行う場合に生じる困難さに応じた指導内容や指導方法の工夫を
計画的、組織的に行うことが示されている。この場合、本書に示した内容を参考
にして児童生徒の困難さを明らかにし、個別の教育支援計画や個別の指導計画を
作成するなどして、必要な支援を考えていくことが望まれる。」と述べられてい
ます。このことから、発達障害のあるお子さんのリラクセーションを促す支援に
おいても、自立活動の視点が参考になる場合があると考えられます。

（2）自立活動の各区分からみる発達障害のあるお子さんの
リラクセーションを促す支援
英国の学校園での多感覚を生かした教育活動を参考に

　文部科学省（2018）での自立活動には、「健康の保持」「心理的な安定」「人間関係の形成」「環境の把握」「身体の動き」「コミュニケーション」の6つの区分があります。そして、それぞれの区分については、各障害種での支援が例示されています。

　しかしながら、前述したように、発達障害のあるお子さんについては、「小学校又は中学校等の通常の学級に在籍している児童生徒の中には，通級による指導の対象とはならない」（文部科学省，2018，p.23）場合があることから、通常の学級と関連した自立活動の知見はあまり多くないと考えられます。そこで、特別な教育的ニーズが1980年代から先行している英国の通常の学級での実践が参考になるのではないかと考えました。以下では、自立活動の各区分と発達障害のリラクセーションに関連する内容、英国での支援について触れていきたいと思います。

1）「健康の保持」の区分について
　健康の保持の区分の（4）で、「障害の特性の理解と生活環境の調整に関すること」という項目があげられています。ここでは、自閉スペクトラム症（自閉症）のあるお子さんについて、「感覚の過敏さやこだわりがある場合，大きな音がしたり，予定通りに物事が進まなかったりすると，情緒が不安定になることがある。こうした場合，自分から別の場所に移動したり，音量の調整や予定を説明してもらうことを他者に依頼したりするなど，自ら刺激の調整を行い，気持ちを落ち着かせることができるようにすることが大切である。」（文部科学省，2018，p.57）という内容が述べられています。

　英国の通常の学校では、この場合、AAC（Augmentative & Alternative Communication：補助代替コミュニケーション）機器（以下、AAC機器）を用いて自分の気持ちを表現したり、先生に依頼したりすることが、通常の学級で学ぶ教科内で取り組まれていたことから、発達障害のあるお子さんに対して、通常の学級の

授業でも AAC 機器が活用されることが望ましいです。

　AAC 機器の例としては、一般的には、視覚的な支援を促すシンボル、文字盤、音声出力機能がある機器である VOCA（Voice Output Communication Aids）、そして、今日、GIGA スクール構想で使用されているタブレット端末やコンピューターでのアプリケーションなどがあげられます。

　また、「個別指導や小集団などの指導形態を工夫しながら，対人関係に関する技能を習得するなかで，自分の特性に気付き，自分を認め，生活する上で必要な支援を求められるようにすることが大切である。」（文部科学省，2018，p.58）という内容も述べられています。

　英国の通常の学校の場合、選択授業の形で、小集団で、個々の関心や特性に応じた学習活動が取り組まれています。これらの選択授業は、クラス全員がそれぞれ取得するため、発達障害のあるお子さんのみが個別指導や放課後などの時間に取り組むソーシャルスキルトレーニングとは、少し異なります。日本の学校では、一般的にクラス単位の集団授業が進められていますが、今後は、それぞれのお子さんの関心がある少人数制の選択授業を取得できるような教育課程も採用されることを期待しています。

2）「心理的な安定」の区分について

　心理的な安定の区分では、(1)「情緒の安定に関すること」という項目があり、発達障害のあるお子さんと関連する指導内容例がいくつかあげられています。例えば、自閉スペクトラム症（自閉症）のあるお子さんの場合は、「他者に自分の気持ちを適切な方法で伝えることが難しい場合，自ら自分をたたいてしまうことや，他者に対して不適切な関わり方をしてしまうことがある。こうした場合，自分を落ち着かせることができる場所に移動して，慣れた別の活動に取り組むなどの経験を積み重ねていきながら，その興奮を静める方法を知ることや，様々な感情を表した絵カードやメモなどを用いて自分の気持ちを伝えるなどの手段を身に付けられるように指導することが大切である。」（文部科学省，2018，p.61）という内容があげられています。英国の通常の学校では、通常の学級に自閉症のあるお子さん専用の机が教室のコーナーにあり、その机には、時間割、感情を表すカード、砂時計、絵カードなどがおかれています。グループでの活動を行いなが

ら、随時、その机に設置されているツールがお子さん自身によって活用されています。一般的に、通常の学級では、他のお子さんと異なる教材がおかれていると、そのお子さんのみ異なる支援が行われていると捉えられる傾向があると思いますが、英国の通常の学級では、個々の学び方に応じて、それぞれが異なる教材や学習環境を用いる場合があるため、このような専用のコーナーが設置されていても、日常的なクラスでの風景となっているのだと思われます。日本の通常の学級でもお子さんの特性や学び方に応じた支援ツールや環境設定が一般的になっていくといいですね。

　限局性学習症（LD）のあるお子さんについて、(3) 障害による学習上又は生活上の困難を改善・克服する意欲に関することの項目で、「数字の概念や規則性の理解や，計算することに時間がかかったり，文章題の理解や推論することが難しかったりすることで，自分の思う結果が得られず，学習への意欲や関心が低いことがある。そこで，自己の特性に応じた方法で学習に取り組むためには，周囲の励ましや期待，賞賛を受けながら，何が必要かを理解し，できる，できたという成功体験を積み重ねていくことが大切である。」（文部科学省，2018，p.65）という内容が述べられています。前述した自閉症のあるお子さん専用の机とも関連がありますが、英国の通常の学級では、学び方の違いに応じて、同じ学習課題でも、文章で学ぶグループ、絵カードで学ぶグループなど小グループで学ぶ体制があり、グループによっては、ティーチングアシスタントがついています。山を登る際には、様々なルートがありますが、頂上は同じであるといった発想です。個人の学び方の違いに応じた対応は、発達障害のあるお子さんのリラクセーションにつながると考えられます。日本の通常学級でも、このような学習グループに応じた学習内容や教材、指導方法についても考える必要があるかもしれません。

3)「人間関係の形成」の区分について

　「人間関係の形成」の区分では、(4)「集団への参加の基礎に関すること」の項目で注意欠如・多動症（ADHD）のあるお子さんについて、「ルールを少しずつ段階的に理解できるように指導したり，ロールプレイによって適切な行動を具体的に指導したりすることが必要である。」（文部科学省，2018，p.72）という内容があげられています。

英国の通常の学級では、一単位時間（例えば40分間）においても、机に座って行う学習活動、教室の中心に列になって行う学習活動、教室の中心で円形になってリズムチャンツ（一定のリズムに合わせて発音）のように、発言するお子さんがランダムに指名される活動などが含まれており、それぞれの学習活動には、子どもたち同士の社会的相互作用が伴います。このような学習活動における受講隊形の変換は、長い時間、集中した座学が難しい場合もある注意欠如・多動症のあるお子さんの特性にも参考になるように考えます。また、自閉スペクトラム症のあるお子さんや限局性学習症のあるお子さんについても、人間関係の形成の区分と関連して、前述した絵カード、写真、サイン、シンボル、AAC機器の活用など、お子さんの特性に応じた支援が、通常の学級で一般化されています。周囲の人々との人間関係の形成については、発達障害のあるお子さんのリラクセーションとも密接な関係があると考えられます。日本においても一単位時間内の学習活動で、受講姿勢の変換についても検討されていくことが望ましいでしょう。

4）「環境の把握」の区分について

　「環境の把握」の区分では、「(5) 認知や行動の手掛かりとなる概念の形成に関すること。」の項目で、「ものの機能や属性，形，色，音が変化する様子，空間・時間等の概念の形成を図ることによって，それを認知や行動の手掛かりとして活用できるようにすることを意味している。」（文部科学省，2018，p.81）と述べられています。英国の通常の学校では、多感覚を活用するスペースの設置や、多感覚を活用する学習方法が校内の随所に見られます。具体例は、次の節で紹介いきたいと考えています。

5）「身体の動き」の区分について

　「身体の動き」の区分では、注意欠如・多動症（ADHD）のあるお子さんについて、「注意の持続の困難さに加えて，目と手の協応動作や指先の細かい動き，体を思った通りに動かすこと等が上手くいかないことから，身の回りの片付けや整理整頓等を最後まで遂行することが苦手なことがある。そこで，身体をリラックスさせる運動やボディーイメージを育てる運動に取り組みながら，身の回りの生活動作に習熟することが大切である。」（文部科学省，2018，p.90）と述べられ

ています。

　英国の通常の学級では、テキストの音読の際に、文字以外にシンボルで示した内容とその内容に応じた身体での動きを同時に行うといった指導方法も行われています。身体の動きを学習場面に取り入れることで、より学習の定着を図っていると考えられます。お子さんにとってもわかりやすくなることや身体の動きを取り入れることでスッキリし、リラクセーションにつながると推察されます。

6）「コミュニケーション」の区分について

　「コミュニケーション」の区分の発達障害のあるお子さんの支援については、前述した AAC 機器や絵カードなどの活用が複数述べられています。

　注意欠如・多動症（ADHD）のあるお子さんについて、「(2) 言語の受容と表出に関すること」の項目で、「教師との個別的な場面や安心できる小集団の活動の中で，相手の話を受けてやりとりをする経験を重ねられるようにしたり，ゲームなどを通して適切な言葉を繰り返し使用できるようにしたりして，楽しみながら身に付けられるようにしていくことが大切である。」（文部科学省，2018，p.95）が述べられています。後の節で紹介しますが、英国の通常の学校においては、様々な感覚の教材を用いて、少人数でやりとりをする機会が多く設定されているため、このような機会もリラクセーションやコミュニケーションにつながっていると考えられます。

　次の節からは、実際に英国の学校園で実践されている多感覚を活用した学習活動を参考に、日本でも実践可能な内容を紹介していこうと思います。

3　英国の学校園での多感覚を活用した活動内容を取り入れた実践例

　本章では、英国の学校園での多感覚を活用した学習活動を参考にして、実際に日本の学校園でも実践を行って、子どもたちから「すっきりした」「落ち着いた」という感想があった実践例について、紹介していきたいと思います。

（1）すっきりした香りを楽しもう

☆ねらい

季節のさわやかな柑橘類を用いて、香りや手触り、見た目にもリラクセーションを促します。

☆**方法**

英国の学校園においては、大きなバスタブが教室の中にあり、水がはってあり、その中にレモンをたくさん浮かべる取り組みが行われています。見た目にも、すっきりし、手で触ってみたりさわやかな香りも体験したりすることができます。日本の学校では、一見、水をはったバスタブについては、学習とは関係がないように感じられるかもしれませんが、普段から、設置することで、見る、触れる、香りを味わうなどの様々な感覚を自然に体験するので、それらの感覚を自然と受け入れることが可能になってくると考えられます。

1クラスの人数が英国の学校園より多い日本では、大きなバスタブを設置することは、難しいかもしれませんので、水をはった水槽などにレモンなどの柑橘類を浮かべてみるのをいかがでしょうか。

☆**工夫**

例えば、日本では、地域によって特産の柑橘類があります。四国地方では、すだちや文旦、ゆず、近畿地方では、みかんなどがあり、観光業の一環で、地元の温泉では、浴槽に柑橘類を浮かべるイベントなども行われています。

例えば、写真のすだちやみかんは、産地直送の販売で、地元のスーパーマーケットで安価に入手できたものです。このような柑橘類を普段から水槽に浮かべ

たり、半分に割って香りを味わったり、料理に用いたりすることで、見た目や香りもさわやかで、リラクセーションにつながりますし、暑い夏では、リフレッシュすることもできます。数を数えるなどの学習活動にも用いることもでき、集中した学習の後は、香りが気分転換になると考えられます。

すだち
（筆者撮影）

みかん
（筆者撮影）

　以前、日本の特別支援学校の授業で、疑似体験として、教室の真ん中に、柑橘類がなっている木を置いたところ、複数のお子さんが関心をもち、柑橘類の実に手をのばす様子がありました。このような取り組みを繰り返す中で、目と手の協応や目的物へのリーチング、感覚過敏の軽減にもつながると考えます。

　また、柑橘類を子どもたちと一緒に買いに行くことで、買い物学習にもなりますし、柑橘類のいくつかは、地方公共団地のキャラクターになっているものも複数あり、地域の生産物に関心をもつなどの学習にもつながっていくことでしょう。

　尚、どのような植物や食物でもそうですが、お子さんによっては、柑橘類の使用を行うにあたり、皮膚刺激やアレルギーのある方もおられるかもしれませんので、お子さんの特性に応じて、注意していただき、使用のご検討をいただきたいと思います。

（2）ウォータービーズで遊ぼう

　☆ねらい
　見た目がカラフルなウォータービーズを用いて、ストレス解消を促します。

☆方法

英国の学校園においては、校庭や廊下に、様々な感覚を活用する教材がおかれています。ここでは、ウォータービーズについて、紹介します。ウォータービーズは、元は、とても小さい球状のボールですが、水につけておくとジェル状に膨らみます。

以前、筆者の研究室で、気になるお子さん向けの多感覚の活用の研究をされていた藤本先生は、通常の小学校の気になるお子さん向けに、ウォータービーズの感触にリラックス効果があると考え、小学校の業間の休み時間にウォータービーズを活用した活動を取り入れました。その結果、たくさんのお子さんに、ウォータービーズを繰り返し触ったりかき混ぜたりする様子が見られました（藤本, 2019）。

また、ウォータービーズをこども園の活動に取り入れたところ、触ったり、かき混ぜる以外にも、取り出して、ビーズのように色別に並べたり、お花のマークを作ったり、貼り絵のように、用いたり……といった様子が見られました。

なお、ウォータービーズは、小さい球状になっていますので、何でもお口に入れて確かめようとするお子さんには、注意が必要でしょう。活動の際には、お口に入れることがないように必ず、注意や見守りをお願いいたします。

ウォータービーズ（膨らむ前）
（筆者撮影）

ウォータービーズ（水につけて膨らんだあと）
（筆者撮影）

☆工夫

方法でも述べましたが、ウォータービーズを用いた活動には、いくつか工夫できる点があると思います。

①大きなプラスチック容器に入れて、手で触ることができるようにする。

　収納ボックスなどの大きなプラスチック容器に入れて、子どもたちが手で触れることができるようにします。複数の子どもが活動に参加することで、一緒にかき混ぜたり、お互い手で渡したりする様子が見られ、リラックス効果以外にも、友だちとのコミュニケーションなどにもつながっていくと思います。

②ビーズとして用いる。

　好きな花や動物などをビー玉のように表現することができます。ウォータービーズを手に触れながら並べることになるので、自然とウォータービーズの感覚にも慣れ、様々な感覚の受け入れにもつながると考えられます。

③容器に入れ、目で見て楽しむ。

　様々な色の透明感のある素材ですので、水に入ったお気に入りの容器に入れて楽しむことができます。柔らかいイメージの色合いで、興味・関心をもつお子さんもいるかもしれません。

（3）色が変化するファイバーで遊ぼう

　☆ねらい
　色が変化するファイバーに触れたり、遊んだりする。

ファイバーを用いて、周囲の子どもたちとコミュニケーションを行う。

☆**方法**

英国の各学校園においては、センソリールームという多感覚を活用する部屋が設置されています。その部屋では、「サイドグロウ」という五感を活用する器材が置かれていることが多いです。「サイドグロウ」は、100本程度のファイバーの束と光源装置を組み合わせた器材であり、緩やかにファイバーの色が変化します。しかしながら、「サイドグロウ」は、輸入品である場合が多く、比較的価格がかかってしまうことがあります。最近、日本国内でも「サイドグロウ」と同機能を有する器材が開発されてきました。

筆者は、輸入品の「サイドグロウ」と国産の器材の両方を用いることがありますが、国産の器材をお子さんが使った場合にもポジティブな活動の様子が見られました。

例えば、器材を使用された保護者の方から「最近の感染症の影響で、学校への登校をためらっていたお子さんが、同様の機能をもつ器材で遊んだところ、気分転換になり、学校にスムーズに登校できるようになった」という報告も受けています。

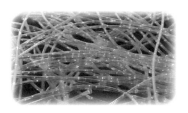
「サイドグロウ」（輸入品）
（筆者撮影）

「サイドグロウ」と同機能器材（国産）
（筆者撮影）

☆**工夫**

①色が変化するファイバーで遊ぼう。

色が変化するファイバーは、いろいろな遊び方があります。手で1本を持っ

てやりとりしたり、複数の人で全体をもって遊んだり……といった形です。子ど
もたちの好きな方法で遊べるといいですね。また、保護者の方とのやりとり遊び
やコミュニケーションにつながる可能性もあります。

色が変化するファイバーがある
と、見立て遊びや周囲の人たち
との自然なやりとりにつながり
ます。色の変化もゆるやかで、
規則的ですので、リラクセー
ションにつながります。

色が変化するファイバー遊びの様子

②色が変化するファイバーをおやすみの時間に活用する。
　色が変化するファイバーをベッドサイドに置いて、ゆっくり色を変化させること
により就寝時間が楽しみになり、ベッドにつく習慣につながるかもしれませんね。
③色が変化するファイバーをスイッチと接続する。
　Bluetooth で色が変化するファイバー（サイドグロウ）と専用スイッチを接続
することで、スイッチを押し、色を変化させることも可能です。色の学習や因果
関係の学習にもつながります。ただ、専用スイッチは輸入品のため、家庭で用い
るには少し高額であるという難点があります。学校園での教育活動での導入があ
ればいいですね。

（筆者撮影）

色が変化するファイバーの束（サイドグロ
ウ）と専用のスイッチ（輸入品）です。
Bluetoothで接続が可能で、一つひとつのス
イッチのボタンも大きくなっているため、手
指の巧緻性に困難のあるお子さんも使いやす
いという特徴があります。

（4）隠された文字や数字を当てよう

☆**ねらい**

自分の好きな感覚教材の中に文字や数字、アルファベットのブロックを埋め込
み、それらを触察することで、リラックスしながら学習につなげる。

☆**方法**

英国の学校園では、様々な感覚教材の中に、文字や数字、アルファベットの模
型を埋め込み、触ることで文字の形を認識する活動が行われています。その活動
は、学校園の廊下であったり、教室であったりと日常生活を行う各所で行われて
います。

例えば、教材としては、シェービングクリームやパスタ、以前出てきたウォー
タービーズ、砂、シュレッダー紙など様々です。教材の保管場所も学校園にあり
ます。

それらの教材を活用することで、机上の勉強では、疲れてしまうお子さんが楽
しく学習につなげることができると考えます。例えば、シュレッダーされた紙や
ふわふわした綿などお子さんの好きな感覚は、いくつかあると思います。

まずは、お気入りの感覚を見つけて、その中から宝探しをするといった活動か
ら始めてみてはいかがでしょうか。

なお、パスタやお米など、食物を感覚素材に用いる場合には、アレルギーな
ど、お子さんの特性に十分留意していただきたいと思います。

砂に埋め込まれた模型

ウォータービーンズに埋め込まれた数字模型

☆工夫

①お子さんが好きな感覚の教材を見つけてみよう。

　コットンや、砂、シュレッターの紙、消しゴム、小さなマスコットなど、お子さんが好きな感覚の教材はいくつかあるのではないかと思います。教室での机に向かった学習のあとの休み時間にお子さんの好きな感覚に少しの時間触れるだけでも、気持ちの切り替えにつながるのではないかと思います。

マスコット

消しゴム

②お子さんが好きな感覚の教材の中に、覚えにくい文字や数字、アルファベットなどのブロックを埋め込んで、触察で形を認識する活動をしてみましょう。

様々な素材の中に、文字や数字、アルファベットなどのブロックを埋め込んで、触察で、形を認識している様子です。
例えば、私たちは、バッグの中のキーホルダーを探すときに、手で触って見つける場合もありますね。普段からしていることで、触察での理解が進んでいるのでしょう。

（5）好きな場所にワープして、リフレッシュ、リラックスしよう

☆ねらい

　自分の好きな場所の画像を室内に投影することで、リフレッシュやリラクセーションにつなげる。

　前述の英国の各学校園でのセンソリールームという多感覚を活用する部屋では、「サイドグロウ」以外に「ソーラープロジェクター」という専用のディスクと光源装置を組み合わせて、投影する装置がよく用いられています。この「ソーラープロジェクター」のディスクは、回転するようにできており、壁や天井に映写して、例えば、星空などでは、プラネタリウムのように用いることができます。また、「ソーラープロジェクター」のディスクの画像は、図で示しているように、お子さんの特性に合った画像や興味・関心が持てる画像が多く存在します。

　しかしながら、「ソーラープロジェクター」は、輸入品である場合が多く、比較的価格がかかってしまうことがあります。専用ディスク複数枚と光源装置をセットにすると、比較的家庭では手に入りにくい金額になるかと思われます。

　最近、日本国内でも「ソーラープロジェクター」と同機能を有する器材が開発されています。筆者は、輸入品の「ソーラープロジェクター」も用いることがあ

りますが、一般的なプロジェクターでも海の中の動画やイルミネーションなどを壁などに投影することができます。筆者の研究室でも、風景などの映像を自作する研究をしている方がおられます。また、子育て支援の活動や特別支援学校など様々な特性のあるお子さん向けの活動で、この取り組みを行ったところ、お子さんが関心のある対象物に、手をのばす姿や、「きれい」といった声があがることがありました。

　最近では、日本の通常の学校園でもテレビモニターや電子黒板が各教室に設置され、パワーポイントを用いた授業が行われることも一般的となってきました。日本の通常の学校では、専用のセンソリールームの普及がまだまだ進んでいない状況はありますが、教室のカーテンを引いて、テレビモニターや電子黒板を用いてリラクセーションを促す画像を映すことで、センソリールームの環境設定に近い空間を創り出すことができるかもしれません。特別支援学校では、自閉症のあるお子さん向けに、タブレット端末を用いた手順紹介が一般的ですので、是非、通常の学校でも機器の活用をしていただきたいと考えます。

お子さんの好きな風景や模様を見つけてみましょう。それらの風景や模様の画像を用いることで、気分の切り替えやリラクセーションにつながることも考えられます。

☆工夫
①お子さんが好きな風景や模様を見つけてみよう。

　お子さんが好きな風景や場所があれば、スマートフォンやタブレット端末、ビデオカメラなどで撮影し動画や画像として保管しておきます。
②お子さんが好きな風景や模様を室内空間で映写してみましょう。

　最近では、スマートフォンやタブレット端末とテレビモニターを簡単に、アダプターとHDMIケーブルを用いてつなぐことができます。パソコンについても、テレビモニターとHDMIケーブルを用いて接続することが可能です。イラストのように、海や森の中、花畑などをモニターに映し出すことが可能です。

カーテンを引くことや照明などで、部屋の明るさを変更して、室内空間で疑似体験できるようにするといいと思います。最近では、感染症の影響で花火大会が中止になっていますが、一部の花火大会などは、TV で放映されることがあります。以前、子育て関連の施設で、花火の画像などを暗めの室内で映写するとたくさんのお子さんが来て喜んでおられたことがありました。

最近では、スマートフォンやタブレット端末の普及に伴い、専用のアダプターと HDMI ケーブルがあれば、テレビモニターと接続して画像や動画の映写が可能となってきました。

タブレット端末の森の画像とアダプター

③お子さんが好きな香りや感覚教材を合わせて設置してみましょう。

　例えば、新緑の画像をモニターに映写している際には、森の香りを用いてみたり、花火の画像をモニターに映写している際には、たこ焼きなどを食べてみたり、星空を映写している際には、前述のサイドグロウと同機能を有する国産品の色が変化するファイバーなどを使用すると、疑似体験の空間ができるのではないかと思います。また、英国のセンソリールームに近い内容が再現できるように思います。

4　おわりに

　本章では、保護者の方々に質問を行った発達障害のあるお子さんのストレス解消法の調査や英国の学校園での多感覚を生かした教育活動を参考にした自立活動の各区分からみる発達障害のあるお子さんのリラクセーションを促す支援を取り上げました。日本の通常の学校園での実践やご家庭での支援でも参考にしていただけますと幸いです。

また、英国のセンソリールームに置かれているような器材は、以前は、大変高額で、輸入品が主流であったため入手が困難でした。しかしながら、最近では、映像技術やICT技術の発展で、多感覚を生かした環境設定を検討することが可能となってきました。

　日本の学校園では、GIGAスクール構想がなされている関係で、各児童生徒が端末を操作する時代になっており、個人の特性に応じた環境設定も望まれるでしょう。是非、家庭や学校園でもオリジナルの環境設定をご検討ください。

引用・参考文献

藤本美恵（2019）感覚に働きかける自立活動「すっきりタイム」で通常学級の気になる子を支える．実践障害児教育2019年10月号，学研プラス，pp.22-25.

文部科学省（2018）特別支援学校教育要領・学習指導要領解説自立活動編（幼稚部・小学部・中学部）

備考）本稿での調査・実践の一部については、科研費19K02614の助成を受けています。

おわりに

尾関　美和

　新型コロナウィルス感染の拡大により、私たちの生活は大きく変容しました。集団活動の機会が減少し、人との対面でのコミュニケーションの機会も大きく減少しました。行動が制限されはじめたときは、私自身、どのように行動してよいのか、何をどのように、いつまで耐えればよいのか、と悩みました。

　当時、戸惑いだらけであった生活も、現在では、徐々に以前の様子に戻りつつあります。とともに、新しい生活様式が日々の生活に定着しようとしています。

　さて、生活様式が変化していく間、子どもたちはどのような影響を受けたのでしょうか。

　発達障害のある小学生の保護者の方々に尋ねてみました。

　コロナウィルス感染拡大予防により、2020年3月、学校が一斉休業となった当時、Aくんはよく泣いていたそうです。急な変更、好きなお友だちとも会えない、遊べない、好きな場所へも行けないなど多くの変化に対応しきれなかったのだと思われます。日中、母親と2人の生活は、長く感じられたことでしょう。その中で、Aくんが楽しんでいたのが、好きなアニメをみること、好きな物を食べることだったそうです。今では、マスク生活にもすっかりなれたAくんですが、母親は、友だちと遊びたいと訴えるAくんをみて、集団でのかかわりが大切であることに気づかされたようです。

　Bくんは、コロナ禍以前から、家で過ごすことが好きな男の子でした。学校が休校になり、YouTubeでトーマスなどの好みの映像を見ることで時間を過ごしていました。が、もう一つのBくんの好きな活動は、奪われてしまいました。それは、大人との会話です。Bくんは、登下校時に、お友だちのお母さんと交わす短い会話が大好きでした。Bくんにとっては非常に大きな充実感をもたらしていたようです。その機会を奪われたBくん。目に涙を浮かべながら「学校に行きたい」とつぶやいていたそうです。

　「発達障害の方は、1人で過ごすことが好きだ」と思うご本人や周囲の方も多

いかもしれませんが、人との交流があるからこそ、1人の時間が必要になるのだと考えます。

　この本では、発達障害のある方のリラクセーションとして、いくつかの方法を紹介しました。1人でインターネットを利用してのリラクセーション、インターネットを利用して人とつながりながらのリラクセーション、おうちの人や身近な人とともに過ごす中でのリラクセーション、家の中の環境や身近なものから感じるリラクセーションなど、リラクセーションを感じる方法は多岐にわたっています。大切なのは、1つの方法だけではなく、複数のリラクセーションの方法を持つことではないでしょうか。

　この先、どんな状況が訪れるかもしれません。予期せぬ出来事に遭遇したときに、自分らしくあるために、リラクセーションできる時間と場所を確保することは、非常に大切なことだと思います。いつでも、どこでも、自分らしく時間を過ごすことは、生活する上での自信にもつながるのではないでしょうか。

　この本が、発達障害のある方だけではなく、一緒に過ごしている周りの方にとっても、リラクセーションとしてのヒントになり、皆様に少しでも安らいだ時間を提供できましたら幸いです。

著者紹介

髙橋眞琴（たかはし・まこと）【編集・はじめに・第6章】

鳴門教育大学教授
神戸大学大学院人間発達環境学研究科博士課程後期課程修了、博士（教育学）
公認心理師、臨床発達心理士、AEAJアロマテラピー検定1級
英国のインクルーシブ教育、特に、英国の学校園での多感覚を活用した学習支援や環境設定に関心があります。阪神・淡路大震災の経験から、東日本大震災で被災された障がいのあるお子さんとの交流活動や地域での研究会などもおこなってきました。
論文：発達障害のある子どもたちへのインフォーマルな「居場所づくり」の取り組みについて―ボランティアと子どもたちとの関わりを通して―．LD研究，19（2），2010．など。

尾関美和（おぜき・みわ）【第4章・おわりに】

鳴門教育大学附属特別支援学校教頭
ムーブメント教育・療法上級指導員、学校心理士
特別支援学校の教員として勤務しながら、月1回、ムーブメント教室を地元で開催。これまで、たくさんの子どもたちが、教室に通い、卒業していきました。友だちと一緒に遊ぶことができるようになり、笑顔いっぱいで活動している姿を見るたびに、ムーブメント教育・療法の力の大きさを感じます。一人でも多くの子どもたちの笑顔を増やせるよう、楽しい活動を考えていきたいと思っています。

亀井有美（かめい・ゆうみ）【第1章・第2章】

徳島大学大学院保健科学研究科博士後期課程
看護師、保健師、公認心理師（養護教諭）
看護師、保健師としての勤務や障害児通所支援施設での勤務の経験があります。27歳のときに発達障害の診断を受け、当事者及び支援者として発達障害の研究を行っています。YouTubeチャンネル「困ったちゃんプロジェクト」を開設し、発達障害のある人への支援や啓発活動を随時行っていきます。

中村友香（なかむら・ゆか）【第5章】

兵庫教育大学大学院連合学校教育学研究科（博士課程）
英国の留学経験やフィンランドへの調査経験があり、フィンランドのインクルーシブ教育について研究しています。小学校での勤務経験もあるため、小学校英語教育について特に興味があります。

山﨑真義（やまざき・まさよし）【第3章】

滋賀県立八日市養護学校教諭、兵庫教育大学大学院連合学校教育学研究科（博士課程）
心理リハビリテイションスーパーバイザー、公認心理師、臨床発達心理士、特別支援教育士
特別支援学校の教諭として障害のある児童・生徒達の教育実践に日々取り組んでいます。また、心理リハビリテイションスーパーバイザー（学会認定）として滋賀県の動作法の普及と発展に努めています。

イラスト　はらだゆみこ
装　　丁　有泉武己

かんたんにできる
発達障害のある子どものリラクセーションプログラム
©2023

2023年5月25日　初版第1刷発行

編　著　者　　高橋眞琴
著　　　者　　尾関美和・亀井有美・
　　　　　　　中村友香・山﨑真義
発　行　者　　杉本哲也
発　行　所　　株式会社　学苑社
　　　　　　　東京都千代田区富士見2−10−2
　　　　　　　電話 03（3263）3817
　　　　　　　FAX 03（3263）2410
　　　　　　　振替 00100−7−177379
印刷・製本　　藤原印刷株式会社

検印省略

ISBN978-4-7614-0845-9　C3037

特別支援教育

「子どもの気持ち」と「先生のギモン」から考える

学校で困っている
子どもへの支援と指導

日戸由刈【監修】
安居院みどり・
萬木はるか【編】

B5 判●定価 2200 円

先生のギモンや子どもの気持ちの背景にある発達特性を知り、適切な支援につなげることができれば、先生も子どもも、もっと楽になるはず！

発達障害

こんな理由があったんだ！

「気になる子」の理解からはじめる

発達臨床サポートブック

綿引清勝【著】
イトウハジメ【絵】

A5 判●定価 1870 円

保育所・幼稚園・小学校等の教育・保育現場や子育てで実践的に活用できるように、つまずきの理解と支援方法が満載。

特別支援教育

星と虹色なこどもたち

「自分に合った学び方」
「自分らしい生き方」を見つけよう

星山麻木【著】
相澤るつ子【イラスト】

B5 判●定価 2200 円

さまざまな特性のある、こどもたちの感じ方・考え方を理解し、仲間同士で助け合うための方法を提案。一人ひとりのこどもを尊重するために。

発達障害

14 歳からの発達障害サバイバルブック Part 2

自分自身に贈る
ギフト（強み）の見つけ方

難波寿和【著】
たかはしちかえ【イラスト】

A5 判●定価 1980 円

人生を切り抜けるために必要なギフト（強み）の見つけ方について、生きづらさを抱えた当事者へ指南します。イラストが理解を促す。

幼児支援

保育者ができる **気になる行動を示す幼児への支援**

応用行動分析学に基づく実践ガイドブック

野呂文行・高橋雅江【監修】
永冨大舗・原口英之【編著】

B5 判●定価 2090 円

現場で子どもたちの示す問題に関する事例を示しながら、問題解決に必要な、行動を分析する方法を応用行動分析学の視点から解説。

いじめ

発達障がいといじめ

発達の多様性に応える予防と介入

小倉正義【編著】

A5 判●定価 2970 円

いじめへの「認識と実態」「予防」、そして「介入」までを解説し、発達障がいのある子どもたちをいじめから守る方法を探る。

税 10%込みの価格です

 学苑社
Tel 03-3263-3817　〒 102-0071 東京都千代田区富士見 2-10-2
Fax 03-3263-2410　E-mail: info@gakuensha.co.jp　https://www.gakuensha.co.jp/